CINZA SOLIDÃO

SEGUNDA EDIÇÃO REVISTA E AMPLIADA

Editora Appris Ltda.
1.ª Edição - Copyright© 2023 do autor
Direitos de Edição Reservados à Editora Appris Ltda.

Nenhuma parte desta obra poderá ser utilizada indevidamente, sem estar de acordo com a Lei n° 9.610/98. Se incorreções forem encontradas, serão de exclusiva responsabilidade de seus organizadores. Foi realizado o Depósito Legal na Fundação Biblioteca Nacional, de acordo com as Leis n°s 10.994, de 14/12/2004, e 12.192, de 14/01/2010.

Catalogação na Fonte
Elaborado por: Josefina A. S. Guedes
Bibliotecária CRB 9/870

N936c 2023	Novaski, Xandy Cinza solidão / Xandy Novaski. 2 ed., rev. e ampl. – Curitiba: Appris, 2023. 165 p. ; 21 cm. ISBN 978-65-250-5141-3 1. Ficção brasileira. 2. Orientação sexual. 3. Perdão. I. Título. CDD – B869.3

Editora e Livraria Appris Ltda.
Av. Manoel Ribas, 2265 – Mercês
Curitiba/PR – CEP: 80810-002
Tel. (41) 3156 - 4731
www.editoraappris.com.br

Printed in Brazil
Impresso no Brasil

Primeiros relatos

voltou-se, então, na direção da janela. Adiantando a possível tragédia, largou as cartas no sofá. O movimento brusco para alcançar Leonardo fez a moça tropeçar e escorar na parede de madeirite para não cair. O quadro balançou e pendeu para o lado.

Leonardo aproveitou o deslize de Ana Cláudia e friccionou o próprio tronco, o que forçou os braços agarrados nas fechaduras a esticarem-se.

— Não! — A moça gritou.

O escritor fechou os olhos. Dessa vez não havia vertigem. Somente a certeza do desejo realizado. Ele fez um último esforço bruto empunhando o corpo para frente. A escuridão, então, tomou conta de tudo. Leonardo não viu, nem sentiu mais nada.

Xandy Novaski

CINZA SOLIDÃO
SEGUNDA EDIÇÃO REVISTA E AMPLIADA

FICHA TÉCNICA

EDITORIAL	Augusto Coelho
	Sara C. de Andrade Coelho
COMITÊ EDITORIAL	Marli Caetano
	Andréa Barbosa Gouveia (UFPR)
	Jacques de Lima Ferreira (UP)
	Marilda Aparecida Behrens (PUCPR)
	Ana El Achkar (UNIVERSO/RJ)
	Conrado Moreira Mendes (PUC-MG)
	Eliete Correia dos Santos (UEPB)
	Fabiano Santos (UERJ/IESP)
	Francinete Fernandes de Sousa (UEPB)
	Francisco Carlos Duarte (PUCPR)
	Francisco de Assis (Fiam-Faam, SP, Brasil)
	Juliana Reichert Assunção Tonelli (UEL)
	Maria Aparecida Barbosa (USP)
	Maria Helena Zamora (PUC-Rio)
	Maria Margarida de Andrade (Umack)
	Roque Ismael da Costa Güllich (UFFS)
	Toni Reis (UFPR)
	Valdomiro de Oliveira (UFPR)
	Valério Brusamolin (IFPR)
SUPERVISOR DA PRODUÇÃO	Renata Cristina Lopes Miccelli
ASSESSORIA EDITORIAL	Miriam Gomes
REVISÃO	Isabela do Vale Poncio
DIAGRAMAÇÃO	Renata Cristina Lopes Miccelli
CAPA	Eneo Lage

*A todos que, direta ou indiretamente,
colaboraram para minha ampla trajetória na escrita criativa.*

PREFÁCIO

Em primeiro lugar, gostaria de expressar a minha gratidão. Alexandre foi meu aluno, hoje um grande amigo. Jovem jornalista e escritor experiente, possui o dom da imaginação e escreve cada palavra com sua alma, dominando a arte de transmitir emoções complexas, com uma destreza cativante.

Esta obra nos leva a um mundo repleto de sentimentos não ditos, onde a tristeza e a dor caminham lado a lado com a busca por pertencimento e aceitação.

Às vezes, a vida nos coloca em caminhos tortuosos, onde a solidão parece ser nossa única companheira. É nestas estradas sombrias que encontramos histórias profundas, tocantes e, por vezes, dilacerantes. Cinza Solidão é exatamente isto, a trajetória de uma criança que cresceu na escuridão do abandono, da rejeição e do silêncio.

Xandy emerge das páginas de Cinza Solidão, como um verdadeiro contador de histórias habilidoso, que nos prende em sua narrativa desde a primeira linha. O cenário se desenrola sob uma paleta de tons cinzentos, mas em meio a esta solidão, encontramos uma luz brilhante, a coragem de ser autêntico. O protagonista enfrenta a dura realidade de ser rejeitado por aqueles que deveriam amá-lo incondicionalmente, mas não se deixa apagar. Em sua jornada, ele também abraça sua identidade como homossexual, desafiando o preconceito e o medo que o cercam, ganhando a liberdade de ser o que é.

Cinza Solidão é um convite à reflexão sobre a natureza humana e a importância da empatia, onde somos levados a questionar nossas próprias experiências e conexões, aprendendo que a compaixão é a ponte que une corações distantes.

Esta obra é um testemunho de resiliência, da capacidade de encontrar beleza mesmo nas sombras mais profundas, e da transformação do sofrimento em coragem com a certeza de que temos, dentro de nós, o poder que precisamos para reinventar nossas vidas.

Embarque nesta jornada, deixe-se envolver e descubra como a solidão pode ser uma paleta de cores que nos ensina a apreciar as nuances da nossa existência.

Cinza Solidão é uma história que ficará com você muito depois de virar a última página.

Solange Castro Neves

Escritora e roteirista

SUMÁRIO

PRÓLOGO..11

Primeiros relatos

CLÁUDIO..21
ODETE..40
TIA ALZIRA..49
CLÁUDIO..55
CLÁUDIO..59
FELIPE..63
TIA ALZIRA..68
CLÁUDIO..73
FELIPE..79
TIA ALZIRA..83
DONA DULCINÉIA..86
SERAFIM..90
CLÁUDIO..94
ODETE..100
CLÁUDIO..103
LAURA..107
CLÁUDIO..111
LEONARDO..114

Novos relatos

TERCEIRO SARGENTO..121
FELIPE..124
CLÁUDIO..128
LEONARDO..131

TIA ALZIRA...134
FELIPE...137
CLÁUDIO...140
TIA ALZIRA...143
JUAREZ...147
ODETE...151
CLÁUDIO...156

EPÍLOGO...162

PRÓLOGO

O que houve foi um lampejo, desses que precedem a intuição. Um clarão interno obrigou Leonardo a olhar na direção do penhasco. Que estranho! Não viu os amigos que ora se aqueciam sobre a enorme pedra branca cercada pela mata fechada.

"**Cadê aqueles babacas?**" — Pensou.

A apreensão incitou o garoto a esticar os pés o máximo que pode, e depois o próprio corpo. Espiou mais adiante. Em vão. Jamais veria dali a descomunal abertura da cratera impiedosa, donde o riacho concluía seu fluxo logo à frente, numa estupenda cachoeira.

A preocupação do menino elevou-se ao desespero. Leonardo sequer escutou a balbúrdia daquela corredeira. É provável que o abalo tenha interferido inclusive na sua audição. Que terrível estorvamento! Não havia mais o cantar dos pássaros em meio àquela tarde preguiçosa de outono, muito menos o chacoalhar lento das árvores e suas folhas debruçando-se no chão úmido. Nem sequer o estridente entoar da cigarra que há minutos anunciava a chuva que viria adiante.

— *Meu "Bonje"! E agora?* — Balbuciou involuntário, memórias emotivas tentando ganhar espaço em sua mente.

A recordação de quando Cláudio riu pela primeira vez ao ouvir dele próprio esse "Meu Bonje", uma abreviação estranha de "Meu Bom Jesus", foi quase que imediata. O dialeto, usado até hoje pelos nativos da região do baixo Vale do Ribeira, Sul do Estado de São Paulo, é ainda uma referência ao Bom Jesus de Iguape, padroeiro da cidade de mesmo nome.

Devoto assumido do santo patrono, o jovem Leonardo, menino corajoso, destemido, que debutava seus 15 anos mergulhados numa fé que lhe esticava os ombros, se distanciou há minutos dos amigos Bertinho e Cláudio, que se aqueciam na pedra, para urinar em paz e não acionar as chacotas decorrentes da própria puberdade. Agora, o jeito era deter o xixi que já molhava as pontas do pé direito. Ergueu a braguilha numa só investida, ajeitou a bermuda na cintura e caminhou por entre o fio de água corrente no intuito não só de limpar os dedos do mijo pegajoso, mas provar com tamanha coragem que estava ali, pronto para salvar os amigos caso fosse preciso.

"Será que se assustaram com algum bicho e caíram lá pra baixo?" — O pensamento agora o torturava mais que a própria urina interrompida.

Sua mão procurou, então, o bolso da bermuda, o que o assustou ainda mais. O fumo de corda, amuleto antigo que afastava os seres sombrios da mata, não estava por entre a algibeira. Era bem provável que o tivesse largado em casa, ou mesmo perdido pela floresta quando os três amigos buscaram a trilha. A coragem de menino esvaeceu-se por entre seus dedos agora trêmulos.

O que diria ao seu pai assim que retornasse à cidade? Serafim, em hipótese alguma, poderia saber sobre o fumo deslembrado, pois ensinara o filho desde sempre que o tabaco era como um terço.

Eis que a voz do pai soou presente, como se o próprio estivesse no lugar dessa lenda, o "Coisa Ruim", pronto a atacar:

— *Já que ocê não serve pra enrolá o tabaco que garante o sustento de nossa família, pelo menos coloque no bolso e assim escapa daquilo que rasteja pelas bandas da mata.*

O jeito foi tentar se esquivar da maldição que costumava a açoutar por detrás daquelas árvores. Mas, aonde correr?

De repente, o barulho da água, o piar dos pássaros, tudo retornou, e com eles um grito de socorro:

— Aqui! A gente tá aqui!

— Cláudio? — Os lábios de Leonardo se abriram num grito de contentamento e preocupação.

Seus chinelos, o rio fez o favor de levá-los.

— Que se dane o espírito da mata, foda-se a ameaça! — Gritou.

A coragem momentânea o fez correr por entre as pedras, pular de cá pra lá a margem do riacho, e sem medo algum de qualquer ferimento decorrente daquela loucura, foi salvar os companheiros.

A cigarra voltou a cantar. Anúncio de chuva confirmado. Leonardo precisava agir rápido.

Os precipícios sempre causaram certa agonia no garoto, por isso ele nunca se aquecia naquela pedra, a branca. Preferia tremer na margem do riacho a ver tudo rodar. Só que agora o assunto era tão grave que ele deixara a fobia de lado.

— Léo, socorro! — A voz de Cláudio ecoou novamente, agora rouca e distante.

Os pés de Leonardo, escorregadios no limo da vegetação densa, tinham um pisar tão leve, que quase não se ouvia o triturar das folhas secas. O garoto se aproximou do vão e... Cláudio aguentava firme, mas Bertinho encontrava-se sem ar, os dedos com as pontas brancas, o fluxo de sangue cortado.

Quem os teria empurrado ao precipício?

Leonardo até pensou em perguntar como aquilo havia acontecido, mas o desespero no rosto dos amigos não permitiu nenhuma interrogação. Ele não poderia perder mais tempo.

A intuição, então, sussurrou-lhe. E ele agiu conforme o ordenado. Primeiramente ajoelhou-se, depois se deitou com o tórax pra fora do vão. Rastejou mais um pouco, sujando de terra escura sua bermuda e camiseta. Era preciso investir no perigo para salvá-los.

Com a cabeça praticamente flutuando no penhasco, Leonardo deparou-se com aqueles olhares desesperados.

CINZA SOLIDÃO

Esticou as mãos e agarrou um braço de cada amigo. Só que percebeu o quanto sua força era escassa. Pensou, então, em puxar um primeiro, depois o outro.

Bertinho era quem precisava mais dessa ajuda, tão claro na constante falta de ar que inclusive cessou parte do fluxo de sangue em seu rosto. Sem respirar, ele voltou o olhar para as próprias mãos que não o obedeciam e insistiam em largar a finca. Caso isso acontecesse, Bertinho seria o primeiro a se estatelar penhasco abaixo e Leonardo não teria nem tempo de virar o rosto. Só que Cláudio era muito mais que um amigo. Ambos se sentiam como irmãos. Tanto que, ele próprio jamais negara a Leonardo os doces feitos pela sua tia Alzira, e inclusive entregava-lhe todo o cachorro-quente que comprava na praça.

— Eu não aguento mais! — Foi essa a última frase que Bertinho disse antes da mão direita pender para o lado e dar de encontro com o vazio.

O suor, aliado à agonia, turvou a visão de Leonardo. Não havia mais como esperar. Ele, então, tomou sua decisão.

*

Leonardo criou coragem: não compareceria ao próprio aniversário. Apagar as velinhas dos seus quarenta anos era tão difícil quanto relembrar aquela cena do penhasco. Praticamente impossível colocar o rosto para fora de casa, enfrentar o frio úmido daquele outono na serra gaúcha, e deparar-se com o chão molhado e as folhas secas. Ele não titubeou em mandar via celular um texto rápido e certeiro à sua agente literária.

"Sem condições. Corte o bolo por mim."

Aquilo atingiu Ana Cláudia como um cubo de gelo muito mais duro e frio que os dois graus registrados no marcador de temperatura no centro de Gramado. Ela, que se aquecia dentro do próprio automóvel rente ao prédio de Leonardo, aproveitou para certificar-se do horário no relógio devidamente instalado acima do marcador de temperatura da praça. Vinte e uma horas. Ele não viria mesmo. Detestava andar pelas ruas da cidade depois das dezenove, e a boba não havia se atentado a isso. A paixão contida estragara tudo. Da próxima vez Ana Cláudia faria uma festa surpresa, e no horário do café da tarde.

Diante da raiva oportuna, aquela jovem, os olhos azuis sobressaindo-se ao brilho dos cabelos loiros, buscou o retrovisor dianteiro. Foram alguns segundos contemplando o retorcer dos próprios músculos da testa até conter a primeira lágrima com um dos dedos para não borrar a maquiagem. Determinada, respirou fundo e levou a mão à chave de ignição dando a partida. Entretanto, ao notar os braços de um homem tentando alcançar o vão da vidraça lá no alto do prédio em estilo enxaimel, ela não teve escolha senão interromper a própria ira.

Leonardo bem que tentou descansar os cotovelos sobre o parapeito da janela. Mas o corpo pesado, a falta de força nos braços e as pernas inertes o sobrecarregaram ainda mais. O chão úmido da rua lá embaixo pareceu girar. As paredes do apartamento também, os móveis, os livros na estante, inclusive o quadro empoeirado ajustado num prego enferrujado vazado na divisória atrás do sofá.

Aquele espaçoso apartamento cravado no último andar de um prédio de cinco andares, arraigado em meio a outros tantos no centro da cidade pareceu sufocar o escritor. O jeito foi soltar o corpo e aceitar a cadeira de rodas.

Ele encarou o quadro, comprado num vernissage em São Paulo há tempos. Uma obra perturbadora, a imagem ilusória de um homem andando de costas e sob a luz fosca de um poste, tudo em meio a uma neblina densa. Intrigante óleo sobre tela protegido da nossa realidade por um paspatur também encardido. A bela representação da solidão, e que Leonardo decidiu manter em destaque sobre aquele tapume de madeirite forrado com o mesmo papel de parede de anos atrás, apenas melhorado com cola especial. Um remendo proposital a fim de combiná-lo com o desgaste da moldura seca e arranhada do quadro.

O exílio proporcionado por aquela imagem causou em Leonardo um breve estupor, coagindo-o a cerrar as pálpebras. A testa franziu e gotas de suor buscaram caminhos alternativos nos vincos. Seu semblante cogitou um misto de esgotamento físico e psíquico.

A grande verdade é que existia ali uma dúvida cruel, e que o corroía por dentro. Tal ambiguidade piorou após ele ter encarado o quadro e fechado os olhos. Um passado dolorido voltava à tona. A descoberta de onde o artista havia tirado aquela imagem, e o que ela representava para ambos.

Mesmo apático e marcado pela fadiga, Leonardo improvisou novo esforço sobre a cadeira de rodas. Recuperou o equilíbrio e esticou o pescoço, procurando o vácuo do lado de fora da janela. Nem ligou para a ventania gelada que chicoteou seu rosto. Atentou-se ao caminhar de um casal lá embaixo em meio ao fog que se formara. O zumbido nos ouvidos o deixou ainda mais tonto. O jeito foi respirar fundo e buscar ânimo para se desvencilhar da vertigem. Só que não havia como. Apenas o tórrido advindo insistia na sua lembrança.

Diante da raiva que agora lhe corava a face, Leonardo segurou a pequena imagem de Bom Jesus de Iguape que dormia sobre uma toalha de renda na mesinha próxima e a atirou na direção do quadro. Não quebrou. Nem mesmo houve um rasgo sobre a tela.

"O que tá acontecendo comigo?"

Ele tentou buscar uma explicação rápida, e isso, ao invés de deixá-lo ainda mais atordoado, deu-lhe agora certo ânimo para cumprir o que a mente pedia. Aproveitou, então, a força repentina dos braços e investiu nas rodas da cadeira, indo até a escrivaninha, de onde puxou um calhamaço de folhas da gaveta. Um novo livro talvez.

Outro nocaute. Aquelas páginas devolviam-lhe recordações, e agrediram ainda mais sua memória. Decidido, e com esforço dobrado, ele rasgou as folhas em quatro partes e deixou tudo se soltar no chão. Ergueu-se novamente sobre o parapeito, fixando o olhar na paisagem lá fora. O fog havia coberto tudo. O casal sumira. O alinhamento que dava perfeição ao traçado de uma das avenidas chamou-lhe a atenção. Com dificuldade, arrastou os cotovelos um pouco mais para a direita, tendo agora a praça bem abaixo de seus olhos. Percebeu que o tom acinzentado daquele espaço público formava um desenho em seu íntimo. Seria um castiçal? Provavelmente. Ou apenas mais uma ilusão da sua cabeça zonza e criatividade aturdida?

Seus braços tremeram. Os dedos apertaram o corrimão de madeira desgastada. Ele não queria voltar para a cadeira de rodas. Nunca quis, aliás. Tentando se segurar como se empunha pedras fixas num precipício, por um breve momento ele recuou seu queixo para o interior da sala, atentando-se à reação de Ana Cláudia, que acabara de entrar.

— O que tá acontecendo?

— Nada — disse.

— Essa bagunça, Léo...

— Senta aí, Ana — solicitou o escritor, mirando os papéis esparramados.

Ana Cláudia juntou tudo, olhou por folha, e se acomodou no sofá.

— Pelo que saquei o autor e sua obra tiveram um arranca rabo.

— Provavelmente. Mas a parada aí, mesmo rasgada, tá toda pronta e isso é o que vale — aferiu Leonardo, antes de se erguer e voltar sua atenção para a praça lá embaixo, preparando-se para a maior provocação de sua vida.

— Eu... Eu vi quando você se dependurou.

— Deu pra fuçar minha vida, agora?

— O que pensa em fazer? É só isso que quero saber. — Ana Cláudia foi mais rápida e devolveu o ataque.

Leonardo pareceu entender o xeque-mate e novamente indeciso, voltou a se ajeitar na cadeira de rodas.

Mais calma com a situação, Ana Cláudia terminou de ajeitar os originais rasgados. Em seguida, leu os primeiros parágrafos e partiu para os outros dois capítulos iniciais.

— Isso mais parece com relatos de pessoas...

— As cartas que te falei — completou, tenso com o que aquilo revelaria a ela.

— Tem certeza que deseja contar seu passado aos leitores, meu caro?

Leonardo então chorou. Não se conteve. Seus olhos inquietos buscaram o quadro.

— Te-nho — o pranto foi quem separou as sílabas.

— Então, já que você criou coragem, assim faremos — ordenou Ana Cláudia. — Mas não se mate, por favor.

A agente o desafiou. Era tudo que Leonardo menos queria naquele momento, mas precisava encarar a tormenta, já que ansiava pelo fim de uma tempestade que o perseguia há anos.

Num esforço contínuo, Leonardo ergueu o braço direito, o que fez a mão alcançar o trinco. O outro braço buscou o mesmo movimento, pegando a fenda da outra parte da janela. As vitrines deslizaram ainda mais cada qual para um lado, separando-se. O vento cortante novamente açoitou as rugas ressecadas da face do escritor, entrou pelas suas narinas, secou sua garganta.

Ana Cláudia estava atenta às folhas, aos relatos. Eis que o vento provocou o espalhar de parte dos papéis. Ela

RELATO 01

CLÁUDIO

O metrô deslizou freneticamente pelos trilhos, e notei o quanto minha vida acompanhava aquele ritmo apressado. Há sempre uma histeria que deseja alcançar a próxima parada.

As luminárias do corredor que formava aquele imenso túnel riscaram as janelas do trem, assim como meus pincéis delineiam figuras. Os rostos dos passageiros, ainda refletidos nos vidros, se ocultaram. Foi então que as paredes sombrias daquela cratera semiescura se revelaram como uma tela, onde só se projetaram lembranças. O advindo se agitou como num conjunto de flashes. Ali, na minha frente, algumas situações saudosas vieram à tona. Ora era o desejo em comer um cachorro-quente numa bucólica esquina em Iguape, cidade situada no litoral sul do Estado de São Paulo, ora era a brisa que trazia o cheiro das manjubas fritas de um boteco qualquer. Havia ainda o vento sul, o mais forte de todos, que vinha no ritmo de um único sopro, sem intenção de destruir, muito menos acalentar. E havia a floresta, eu e Bertinho dependurados no topo da cachoeira, e Leonardo ali, pasmo, apático, pronto para nos salvar. Houve grande esforço por parte de todos nós, contudo, o desespero agiganteou quando Bertinho despencou penhasco abaixo. Leonardo, no seu desespero sobrenatural, puxou-me tão forte que fui bater com a cabeça na pedra branca. Desmaiei. E ainda hoje, depois de tantos anos, paira a pergunta no ar: aonde foi parar o meu amigo Bertinho? Seu corpo jamais fora encontrado.

CINZA SOLIDÃO

— Atenção, senhores passageiros! O assento cinza é reservado para gestantes, idosos e pessoas com deficiência física. Respeite esse direito!

O pedido robotizado obrigou-me a voltar do transe. Por alguns instantes observar as pessoas tentando se ocupar com o nada me fez segurar um riso que sairia gostoso. Quem nunca teve um ataque assim no metrô? Olhares que procuravam o chão, outros que buscavam o teto, e alguns permanecendo lá no vazio escuro do lado de fora do trem, nas próprias lembranças provocadas pela efemeridade que é a vida.

Na estação seguinte, o vagão ficou praticamente vazio. Senti frio. Isolei-me num canto. O momento pedia. Houve um novo apito solitário. A escuridão lá fora se vestiu igualmente em tons sombrios, só que a penumbra não durou muito. Logo o trem deixou o túnel tirando-me desse meu isolamento. Estávamos na superfície. Aquela tarde densa e gris de outono se fez presente. O agonizante rio Tietê buscava a combinação das cores mortas. Marginal mal cheirosa, de prédios que rumavam à decadência. Pauliceia corrompida. Se há na vida algum paulatino, ali ele passava longe. Sampa breve, em sua sã violência, gigante violada. Contudo, majestosa.

Eram exatamente três da tarde quando o trem parou na estação Tietê. A plataforma se revelou pequena diante daquela multidão que surgiu não sei de onde e se aglomerou como gado nas catracas. Muitos seguiam seu rumo, outros iam sem nenhum. Mas provavelmente ninguém percebeu que a cor cinza da metrópole valia a pena. Uma tonalidade que tentei alcançar em diversas telas. Obtive o grafite, o tom claro, o escuro. Porém, o cinza que pinta São Paulo jamais. Até então.

Sempre fui um menino que viveu distante dos abraços, beijos e apertos de mão. Ou seja, a cinestesia passou longe na minha vida e me fez totalmente visual. Foi assim na escola, nos papéis que rabiscava, nos muros que desenhava, e nas telas onde aprendi a reconhecer o imo de cada coisa. Dos quadros que pintei na época, nunca ganhei um tostão. Confesso que no início pensava em juntar uma grana com eles. Pura ilusão. Várias inspirações, muito trabalho e pouca vontade de seguir adiante. Devia ter uns doze ou treze anos quando um professor me apontou para o próprio talento.

— Você manda muito bem, garoto. Mas só que além da aptidão, o artista precisa ter vocação. Correr atrás dos sonhos — disse.

Foi aí que pairou em mim a decepção. Sabia pintar, compreendia a tonalidade das cores, mas não tinha disciplina pra nada. A inércia me levou num rumo diferente. Assim é a vida, quando você foge da sua missão.

Andei bastante por aquela rodoviária fria. Se na pintura o elemento fundamental é a cor, pra mim aquele momento resumia-se em meus dedos sob a luva, de tão gelado que estava o lugar.

Carregava as duas malas e mais meu cavalete para pintura com firmeza, apreciando com dificuldade as vitrines de algumas lojas, e tentando disfarçar a própria tristeza que pairava no ar. Como nada me interessou além do cheiro da comida que não podia pagar, fui para a plataforma de embarque. Preferi a escada rolante. Havia andado tanto que minhas pernas doíam. Procurei naquele corredor movimentado um assento disponível, mas acabei escolhendo o chão. Notei que ali, naquele local tão brasileiro, tão cheio de raças e crenças, não havia nas paredes um vestígio sequer da intensidade das formas de Tarsila, ou de Di, que levantava a bandeira pelo figurativo. Nem do Araripe da Tiradentes tão mineira, ou da família Ribeiro da nossa Brasília que se vangloria futurista.

Fechei bem os olhos para não deixar que as lágrimas insistentes caíssem. Aos poucos, perdi a noção do tempo e do espaço. E como num estalo, o passado surgiu e reinou na minha memória. Tão forte como o próprio Deus que a tudo domina. O frio cortante de uma longínqua semana de julho arrepiou os pelos de meus braços e pude sentir a dor dos lábios rachados.

*

— Dessa vez peguei só quinze dias de férias na escola, mãe.

— E eu com isso?

— Posso ir pra casa da tia Alzira lá na praia?

— A gente tá passando por dificuldade. Cê sabe muito bem disso, Dinho. - Minha mãe incensou a sala com seu bafo de pinga. - No final do ano, quem sabe.

Fiquei de cara amarrada. Precisava devolver àquela resposta algo que deixasse minha mãe desnorteada. E eu sabia como provocar.

— Ok... Odete!

Chamei-a pelo nome de batismo. Uma pessoa poderia lhe tacar pedras, ou mesmo pronunciar qualquer palavrão do mais baixo escalão possível. Entretanto, ela jamais admitiria que alguém, muito menos o filho, sussurrasse seu nome. "Odete" doía em minha mãe, e eu nunca entendi o motivo. Como resposta à provocação, eu levei uma surra. Contudo, apanhei feliz, pois a havia derrotado.

Após o estardalhaço em plena sala, ODETE foi para o quarto chorar. Eu permaneci ali, encolhido atrás do sofá rasgado pelo tempo. E sabia bem o motivo de sua resposta ter sido negativa em relação à minha ida para Iguape. Havia alguns anos meu pai saíra com seu caminhão para fazer uma entrega no Mato Grosso e nunca mais retornara. Minha mãe, desempregada, mal conseguia o dinheiro para o nosso sustento. Sem contar os cabelos longos e grisalhos já com várias pontas quebradas, as roupas desbotadas e cheirando a mofo, as olheiras profundas que se confundiam com aquele olhar nuvioso. Tudo isso a deixava ainda mais pra baixo.

Recordo que, um mês após o sumiço dele, eu terminava um gole d'água quando a notei amassando algumas batatas. Estava sem forças. Sei lá, parecia que ia desmaiar. Tentei, em vão, trazer-lhe algum conforto:

— Eu acho que o pai ainda volta.

— Tá querendo ser Deus agora, é cabra peste? Teu pai arranjou foi outra trouxa. Em estrada esburacada, sempre tem uma rapariga pronta pra subir a boleia dum caminhão e desmanchar um casamento. Agora me deixa em paz! Some daqui!

— Ok... O-DE-TE!

A rua foi minha amiga naquele fim de tarde. Andei para cima e para baixo, rodeei quarteirões. Até que, numa ladeira cheia de Variantes, Fuscas e duas Peruas estacionadas eu vi várias crianças aglomeradas na frente de uma igreja. E no meio daquela multidão havia um amigo meu da escola. Curioso, perguntei:

— Neto, o que é que tá acontecendo aí?

— É a Semana Bíblica das férias de julho. Vem participar com a gente!

Entrei meio que sem jeito e desconfiado. Achei pequeno o lugar, mas os bancos limpos, as cortinas claras no tom pastel e os vasos coloridos repletos de flores brancas davam certo brilho ao ambiente. Os raios do pôr do sol adentravam pelas rosáceas que cercavam o fundo do templo e refletiam num amarelo filtrado. O altar improvisado de madeira surrada era baixo, porém, de bom tamanho para a estrutura do lugar. Nele havia um caixote enorme de pino, todo pintado de preto e com um orifício quadrado do meio para cima. Como se fosse um palco de teatro.

— O que vai ter ali? — Mais uma vez tirei a atenção de Neto.

— Teatrinho, Cláudio. Você vai ver, é da hora!

— Será que dá tempo de ir lá na minha casa só dizer pra minha mãe que a gente tá aqui? — Eu senti que aquela seria uma linda forma de redenção entre mãe e filho.

— Meu! Não dá mais tempo. Já vai começar.

CINZA SOLIDÃO

As cortinas do teatro de bonecos se abriram. O conto revelou a saga do sofrido rapaz que certo dia terminou crucificado. Impressionante como aquilo prendia minha atenção, apesar de já conhecer a tal história. Pensei até em retratar algumas daquelas cenas com guaches em sulfite que havia pegado na escola. A tentativa ficou esquecida no tempo, assim como Cristo ficou para muitos.

Depois do espetáculo, cada criança ganhou, pra colocar em sua cabeça, uma coroa feita de cartolina. A dos meninos era de um azul-celeste marcante e a das meninas... Adivinhe! Os sexos diferenciados através das cores e sendo preparados para, quem sabe, uma futura batalha.

— Queremos ver os meninos sentados do lado direito e as meninas do lado esquerdo! E nada de olharem pros lados!

Há frases que marcam nossas vidas. Algumas, para sempre. Essa eu nunca esquecerei, principalmente porque quem a disse foi a mulher mais esquisita que já conheci. Aquele cabelo enrolado em forma de torre deixava nítido o rosto sem vida de dona Carlota. O blazer azul-escuro e a saia laranja completavam a necessidade dela em aparecer. Coitados de nós, que tínhamos de prestar atenção naqueles olhos sem brilho. Éramos livres até então, sem qualquer muralha que nos colocasse em cantos separados.

Logo depois daquela reza desgastante, eis que alguns pincéis, tintas guache e folhas sulfite fizeram minha alegria voltar. Ali não teria minha mãe para me bater por causa dos lápis coloridos gastos antes do tempo. Ali eu poderia pintar e bordar. Pensei em manifestar Cristo no desenho, como havia falado. Mas quem ganhou foi a preguiça.

Logo fomos tomar um lanche. Lembro que saímos pela porta lateral esquerda que dava para um corredor aberto. Enquanto isso, as meninas se posicionavam do outro lado. Conforme a dona Carlota, elas tinham que ficar o mais longe possível da gente. Como se fôssemos demônios sedentos pelo pecado.

Assim que saímos num pátio improvisado, senti o cheiro de chá-mate. O lanche seria o melhor daquela tarde.

O ar quente que se desvencilhava do copo de plástico acalentou por um instante meu rosto. Algumas bolachas de água e sal servidas num guardanapo foram matando aos poucos minha fome, que naquele momento era como de uma onça. Há horas que não comia. O que teria acontecido com as batatas amassadas e... Com minha mãe?

*

Mordi os lábios pensando estar com uma bolacha na boca. A dor obrigou-me a voltar ao saguão de embarque da rodoviária. Levantei correndo do chão gelado e passei pela pequena fila de passageiros que se formava em frente ao motorista que ticava as passagens.

Com a ajuda de um auxiliar, coloquei uma das malas e o cavalete para pintura na parte inferior do ônibus. Procurei, então, a fila que agora estava menor. E tão logo subi, sentei-me num banco confortável e passei a observar as pessoas a minha volta. Uma moça escancarava um falso sorriso enquanto conversava com o parceiro ao lado. Pensei: **essa não vê a hora de chegar ao destino**. No assento da frente, um senhor fingia ajeitar os óculos. Na verdade, ele queria é cutucar o nariz. E não demorou a tirar uma leve camada de gosma que logo foi depositada no braço da cadeira.

As rodas estalaram antes mesmo de a porta cerrar. O ônibus deixou o terminal lentamente. Parecia querer dar tempo para que alguém pudesse desistir.

Casas passaram. Prédios também ficaram pra trás. Aos poucos, a metrópole deixou de fazer parte da paisagem.

Uma lágrima escorreu pelo canto esquerdo da minha face, indo parar rente à orelha devido às lufadas oriundas da fresta na janela semiaberta. Atento a diversidade da mata que agora tomava conta do cenário externo, outra gota fluiu pelo meu rosto. Dessa vez escolheu meus lábios. Era tão salobra quanto a minha vida naquele momento. Abaixei imediatamente a cabeça para que meus sentimentos de revolta e desespero passassem despercebidos. Notei, então, que o chaveiro das noites fervilhantes estava agarrado no cós da minha calça.

*

A portaria daquela danceteria abriu-se como um leque. O alto som das caixas reverberou na fila de entrada. As luzes coloridas se fizeram reais. E junto delas, dois rapazes exaltados pelas suas belezas distintas saíram de mãos dadas. Acariciei meu tórax de forma involuntária e deixei-me levar rumo aquele mundo até então desconhecido. Lá estava eu, o garoto Cláudio, um anjo da noite, na mais tradicional boate da capital paulista. Desejo. Era tudo o que seu sentia naquele momento.

Um dos rapazes se desvencilhou do outro. Veio até a fila que nesse momento estava repleta de caras e distribuiu alguns chaveiros em forma de peito masculino. Ah, o chaveiro que me acompanharia! Fui um dos primeiros a pegar. Encaixei-o no cós da minha calça desfiada nas barras. A fila andou em meu pensamento. A porta que dava acesso à pista se escancarou. De repente eu era parte de um todo. O som, as luzes, a pista, e os corpos entrelaçados. Um mundo havia se formado diante dos meus olhos. O alvedrio almejado encontrava-se nu e cru esperando para eu degustá-lo.

Quase tudo ali era muito escuro. Até as roupas das pessoas. Praticamente só as luzes refletiam cores. Juro que fiquei tonto ao ver dois rapazes se beijando pela primeira vez. Talvez tenha sido mais uma rápida lembrança do encontro bíblico, e da coroa feita de cartolina azul. Por um instante, uma imensa falta de motivação tomou conta de mim e a vertigem me obrigou a sentar num sofá macio e cheiroso. Um rapaz vestindo um boné e roupa colada ao corpo se achegou do meu lado. Ele não me encarava a todo instante, mas a sua alma sim. Pude sentir o calor que emanava de seu corpo.

— Vem sempre aqui?

Perdeu um ponto na conquista por utilizar uma frase tão ultrapassada.

— Não, é a primeira vez e... — Engasguei na própria emoção.

— Você não é entendido?

— Que? Como assim? — Confesso que fiquei incomodado com aquela pergunta. Jamais saberia responder naquele momento algo que eu não... Entendia!

— Entendido. Você é entendido?

A noite terminou comigo e aquele garoto se beijando. Entendido ou não, eu sei que atingimos nosso objetivo. Não recordo o nome do rapaz. Nem vale a pena. Foi uma noite apenas. Contudo, reconheci o brilho naquilo. Uma lucidez quebrou a casca criada pela sociedade e tirou de vez da minha cabeça aquela coroa que me envolvera durante anos.

O resultado daquela noite veio num quadro, óleo sobre madeira. Vários peitorais dependurados numa árvore sem folhas. Eles eram o próprio fruto. Uma verdadeira penca cheia de perversidades.

*

Um sussurro no ônibus e eu abri os olhos. Olhei pela janela. Um acidente na estrada da morte havia parado por completo o tráfego. Não quis tomar para mim aquele problema e voltei às lembranças. Elas não tinham dor, sangue, muito menos desespero.

*

E lá estava eu de novo, agora como assíduo frequentador da boate. Os meses haviam se passado e já não me sentia um intruso. Só que naquela noite de inverno rigoroso acabei não entrando para o baile. Duas "monas" que conheci na portaria se ofereceram para me levar até o famoso bairro de Moema, onde aconteceria um "racha" de carros.

Ainda no coletivo, uma das minhas ilustres "amigas", o Lélio, acabou tirando da sua bolsinha marrom de couro algumas fotos de seus namorados, todos pelados e eretos.

— São sete bofinhos. Todos na faixa dos dezenove anos — disse, enchendo o peito. — Olha só o tamanho das malas! - Apontou, então, para um loirinho de cabelos compridos. O mais encorpado e de sorriso único. — É o Clebinho. Acho que vou descartá-lo. Tá me dando prejuízo. Apelou pro tênis de marca...

Rimos.

— ... E andou pegando uns trocadinhos aqui na minha bolsa.

— Vai ficar só com seis então? — achei incrível como ele havia conseguido tantos amantes.

— Que nada, mulher! — respondeu, tirando da bolsinha uma máquina fotográfica. — Hoje à noite eu já arranjo outra foto pra colocar no lugar.

Aquele doido do Lélio tinha vinte e sete anos. Magrinha como ninguém, chamava atenção não só pelo jeito efeminado, mas principalmente pelos longos cabelos pretos que encobria parte do rosto cheio de espinhas.

— Como consegue garotos tão bonitos? — eu estava pra lá de curioso.

Nesse momento, Estêvão, o outro rapaz que nos acompanhava, se intrometeu na conversa:

— A "Jaqueline" paga bem, meu amor. Não para de dar roupa cara pros bofes. Você mesmo ouviu ela dizendo que o bandidinho deu aqué.

Eles logo perceberam minha dúvida quanto à última palavra.

— Aqué, meu amor — respondeu Estêvão — Roubo, furto, pegou o que não era dele.

Meu sobrecílio ergueu-se em tom de preocupação. Uma realidade aterradora vinha de encontro com meus sonhos.

Descemos em frente ao shopping Ibirapuera, num ponto lotado de meninas, todas elas arrumadas e muito, mas muito perfumadas.

Estêvão foi cantado por duas delas. Alto, forte, corte requinho e olhos esverdeados, enquanto não abria a boca o jovem passava despercebido, assim como muitos que conheço.

Para minha surpresa, o rapaz mostrou-se interessado por uma loira. Olhou para as pernas dela e suspirou fundo. A moça, mais que depressa, reagiu com um sorrisinho. Ela teve a certeza de que as amigas ficaram pra trás no quesito "conquista". Então Estêvão soltou:

— Repare nas suas meias, querida! Estão desfiadas! — E desmunhecou feio.

Corremos às gargalhadas para uma rua arborizada, onde esperaríamos os selvagens dos Gols e Cia. E não demorou muito para que os príncipes rebeldes surgissem em seus possantes carros numa das esquinas escuras.

"Jaqueline", ou melhor, Lélio, entrou num Gol com três, dois deles aparentando mais de trinta anos. Do lado de fora, pude ouvir quando um dos rapazes falou:

— É por isso que gostamos de vocês! Trabalham melhor do que nossas doces namoradas!

Eles eram verdadeiros anjos da madrugada, poderosos, imbatíveis. Não hesitavam em nada, jamais pensavam duas vezes antes de agir. Iam e pronto, sem medo das consequências. Tempos depois entendi o motivo de tamanha avidez. É que o dia seguinte poderia não mais existir para eles.

Confesso que não saí com ninguém naquela noite. Tive várias propostas, entretanto, preferi ficar só. Aquilo tudo surgiu como uma bomba, até porque nunca fui de aventuras tão desafiadoras. Pelo menos as sexuais.

Passei o telefone do mercado onde eu trabalhava para o Lélio.

— Liga sempre entre meio dia e uma da tarde. É meu horário de almoço. Se tentar em outros horários não irá conseguir.

— Tá bom, mulher.

Na semana seguinte ele me ligou dizendo que o Clebinho, o loirinho do tênis de marca, estava ligando querendo extorquir mais dinheiro dele.

— E o que você vai fazer?

— Não sei. O cara tá mentindo, dizendo que sou cúmplice dele numas paradas. O pior, Cláudio, é que mais três rapazes que namoro tão de coloio com ele. E também resolveram ligar pedindo tênis caro e jaqueta importada.

— Não seria melhor você ter apenas um namorado? — aconselhei convicto.

— Não consigo mulher!

Parei e pensei no perigo que todas as pessoas correm nas mãos de outras mal-intencionadas.

— Denuncia ele pra polícia. — sugeri.

— Não posso! — E começou a chorar.

— Por quê?

— Ele mexe com drogas, a mãe dele sabe, mas não tá nem aí. O cara é perigoso, sabe. E outra, tenho família.

— Mesmo assim, denuncie antes que ele acabe incriminando você por uma coisa que não fez.

Lélio atendeu a meu pedido e o moleque foi pego numa emboscada perto de uma delegacia. Horas depois estava numa cela. Levantaram a enorme ficha do garoto.

Preso por tráfico, Clebinho jurou vingança. Mas não teve tempo de reencontrar Lélio, já que depois da notícia da prisão do bandidinho, o meu amigo preferiu ir embora do bairro.

Tempos depois, encontrei-me com Estêvão numa tarde seca de verão, o cheiro de mato queimado rondando o bairro.

— Tá sabendo que o Lélio agora é Jaqueline definitivamente?

Fiquei surpreso com a notícia. A sensação que tive foi de alegria e até certo alívio em relação à perseguição que ele vinha sofrendo por causa do tal Clebinho.

— O bom é que aquele bandido não vai ter como achar minha amiga. — Estêvão tossiu. A fumaça daquele fogaréu oriundo de móveis velhos que crepitavam num terreno agora vinha em nossa direção.

*

Acordei com o cheiro de mato queimado entrando pelas narinas. Havia sonhado, buscado e vivenciado um passado nem tão remoto, mas onde todas as verdades eram expostas sem nenhuma restrição. Um tempo que me mostrou claramente o quanto nossa sociedade estava completamente enganada.

A paisagem na janela agora dava espaço às árvores gigantescas e de várias espécies que insistiam em esconder às infinitas bananeiras. Só que o reinado pertencia a elas. O ônibus havia descido a Serra do Cafezal. Estávamos em pleno Vale do Ribeira.

Apertei a mala contra o peito. Por um instante abri seu zíper e notei que minhas tintas, pincéis e solventes estavam todos ali. O ar pesado da serra ainda insistia em tapar meus ouvidos.

*

Nem bem encaixei os fones de ouvido do meu Walkman nas orelhas e o segurança do mercado solicitou que eu os tirasse.

— Meu expediente terminou — argumentei.

— É que o gerente tá te chamando lá na sala dele.

Sua imagem ranzinza e autoritária logo tomou conta da minha mente. Cara de suíno, algumas rugas resultantes de tantas indagações involuntárias. Sabe quando uma pessoa carrega a maldade estampada no próprio olhar? Então, o gerente era dessas, pronto para se regozijar na infelicidade alheia.

Certa vez o vi cantar uma cliente, e na mesma tarde o peguei folheando as páginas de um jornal e logo depois ligando para uma garota de programa no intuito de marcar um encontro. Sua mulher o devia amar muito.

— Bom, meu caro. A partir de hoje, não iremos precisar mais de seu serviço aqui no mercado. Essa mudança de moeda afetou todo mundo — Ele até tremeu de satisfação ao dar-me a notícia.

Deixei essa bomba estourar em casa. O teto quase caiu sobre mim.

— Por que cê foi mandado embora? Que motivo deu ao seu chefe, Dinho? Deve ter aprontado alguma coisa, no mínimo!

Confesso que ODETE nunca me apoiou em nada, apenas cobrou. Queria ver o filho único com muito dinheiro, carro e várias namoradas, igual aos primos.

— O gerente me disse que o grande vilão foi o plano real, mãe.

Claro que era mentira. Minha e dele.

Na mesma noite do acontecido, a vizinha bateu palmas no portão de casa. Havia alguém no telefone querendo falar comigo.

Minha mãe achou que alguma tragédia havia acontecido com minha tia Alzira em Iguape, mas quem estava do outro lado da linha era uma amiga do supermercado.

— Te atrapalho, Cláudio?

— Claro que não, Abdalinha! Como você tá?

— Realizada! Meu amigo, eu tô te ligando porque quero abrir o jogo. Eu tava com gerente até agora...

— Até agora? Mas já é tarde da noite! — Fui irônico.

— Fomos num motel, queridinho. Agora me ouça. Você foi mandado embora por causa desse seu jeitinho. Bem, isso poderia causar constrangimento aos clientes.

Segurei para não chorar. Desliguei em seguida e agradeci a vizinha.

— Dois reais. — Ela foi firme em sua resposta.

— Não entendi, dona...

— A ligação. Deve custar uns dois reais.

— Poxa! A Abdalinha teve a cara de pau de ligar a cobrar?

— Não, ela não ligou a cobrar. Tô te cobrando apenas por precaução.

Paguei o valor, agradeci mais uma vez sua boa vontade e dirigi-me ao portão que estava fechado no cadeado. A vizinha teve dificuldade em abri-lo, mas não demorou muito para que eu alcançasse a rua.

— Sempre que precisar, meu telefone está à disposição. — Ela sorriu lá do portão.

Naquela madrugada, fiquei andando pela casa, procurando me acalmar. Minha mãe também não dormiu. Apesar do ronco do seu namorado Juarez deixar qualquer um numa insônia terrível, senti que estava incomodada era com o assunto da minha demissão.

No dia seguinte, ela saiu cedo. Não disse para onde iria. Retornou por volta das onze horas. Seu olhar transmitia ódio e revolta. Jogou a sacola de pães na mesa e foi para o quarto. Percebi que a porta havia ficado semiaberta. Ela sempre fazia isso quando queria que eu entrasse.

— O que houve mãe?

— Não me chama de mãe!

A partir daquele momento, veio uma decepção, a culpa e, por fim, a negação.

— Se seu pai tivesse aqui, jamais ia aceitar um filho boiola. Acho melhor cê procurar seu rumo.

— Mas ele não está mais aqui mãe. Portanto, vou ficar.

— Acontece que o Juarez também anda muito nervoso ultimamente. Pediu pra eu escolher: ou ele ou você.

O cara, que ainda estava na cama, espreguiçou-se em tom de contentamento.

— E a senhora...

— Como já disse, acho melhor cê procurar seu rumo.

Fingi não acreditar no que estava ouvindo.

Brigamos mais vezes durante aqueles dias cinzentos. Por ironia do destino, estávamos justamente na semana em que acontecia no bairro a tal *Semana Bíblica*. Numa de nossas discussões, busquei a janela para respirar um pouco e vi quando várias crianças passaram felizes com as coroas feitas a cartolina nas cabeças.

Minha mãe, como uma pedra permaneceu por longos dias. Até que numa noite ela voltou a falar comigo:

— Dinho, cê tem que entender tua mãe. O Juarez alugou outro barraco. Disse pra eu ir com ele. Você é culpado disso tudo, por isso tem de arrumar outro lugar pra ficar. Eu, depois de tanto tempo no sofrimento, encontrei alguém de verdade.

— Então eu sou de mentira. É isso?

— O Juarez não aceita viado.

— A senhora não me respeita. É isso!

Juntei minhas malas e saí sem rumo. Caí no fundo do poço. Foram dois dias num hotel sujo e barato. Mas havia ainda uma solução. Ligar pra tia Alzira, minha madrinha de Iguape, a mulher dos bolos salgados, do tempero único. A tia do Vale esquecido, onde sempre quis passar as férias, mas que Odete não deixava. Mesmo as de julho, frias e repletas de pé-de-vento.

Precisei fazer apenas uma ligação para que minha tia solicitasse minha presença.

— Meu afilhado querido! Sabia que você estava em perigo. Tive de acender vários incensos pela casa. Vi nuvens pretas e tudo.

— Antes, tia, eu tenho que ir ao banco receber meu fundo de garantia.

— Não tem como pegar por aqui?

— Acho que não.

— Bem, Cláudio, assim que pegar a grana, venha. E deixe minha irmã com o homem dela. Um dia vai pagar por isso.

Enfim, chegou o dia de receber meus direitos trabalhistas. Tudo andou muito rápido e o desfecho não poderia ser melhor. Embolsei um dinheiro razoável que me daria condições de começar vida nova, já que parte do último salário eu utilizei para pagar dívidas e sustentar algumas regalias de minha mãe e do tal Juarez.

Na saída do trem perto da Lapa notei que estava sendo seguido por um rapaz. Achei que seria mais um fetiche.

Entrei no banco e olhei sem querer através do vidro. O garoto permanecia parado dentro de uma lanchonete do outro lado da avenida. Mesmo um tanto longe, dava para notar que seus olhos azuis tinham uma terrível expressão. Bateu certo medo, mas resolvi encará-lo assim que saí daquela agência.

— Vamos procurar um banheiro — falou com seu jeito sacana, coçando a cicatriz no rosto sujo.

Entramos numa galeria e já dentro do toalete tentei beijá-lo.

— A menina tá ousada! — Ele se afastou, segurando com força minhas bochechas.

— Desculpa! É que eu queria um abraço...

— Olha só o que você quer realmente!

Então, num movimento rápido, ele tirou da jaqueta um revólver calibre 38 e apontou bem na minha testa.

— Passa a grana ou morre! Perdeu!

Aquele moço de olhos lindos, mas cheios de ódio, levou consigo todo meu dinheiro, minha blusa e meus sonhos.

CINZA SOLIDÃO

Apesar do medo que senti, algo me dizia que ele não avançaria numa maldade sem precedentes.

Não tive alternativa senão correr pelas ruas. Pedi ajuda, ninguém atendeu. O medo daquelas pessoas talvez fosse maior do que o meu.

Até que, sem forças, dei de cara com uma igreja de portas abertas. Entrei sem hesitar, também para fugir do frio insuportável que sentia. Ainda na porta, do lado esquerdo do salão, próximo a uma veneziana, deparei-me com a imagem de um santo seminu e com o corpo totalmente perfurado por flechas. Aquele homem que mais parecia um guerreiro, de olhar triste e corpo sedutor, tentava me dizer algo. Tinha certeza disso. Como não sabia rezar, deitei no banco gelado e comecei a chorar. Não vinha mais nada na minha cabeça além do bandido e do santo que estava logo atrás.

Ouvi passos dentro do templo. Era uma senhora, acho que beata. Chacoalhou-me sem dó.

— Meu querido! A gente não tá em horário de missa e nosso padre se ausentou. Por favor, tem como voltar em outra ocasião?

Como se tivesse sido expulso do paraíso, ganhei o caminho das avenidas mais uma vez. O barulho dos carros, a friagem que não ia embora, a garoa fina atrapalhando minha visão. Tudo aquilo fez com que a mesma tontura que senti no dia em que vi os dois rapazes se beijando na boate voltasse. Só que dessa vez mais forte. Sim, eu havia perdido a batalha. E estava amarrado num tronco, flechado pelo ódio, preconceito e ignorância. Só me restava o Vale esquecido, a infância roubada, o reencontro com tia Alzira. O vento sul, o movimento das dunas. E Leonardo, um brilhante amigo que tive nos tempos de criança lá na praia, nas férias frias de julho. Seus olhos azuis que refletiam o céu. Menino maroto que conhecia como ninguém os caminhos da mata e o tamanho da força de cada onda do mar. Que sabia armar um juquiá e pegava muitos pássaros, que entendia a dança das linhadas, o movimento dos tarrafos, que era puro equilíbrio em cima de um batel. O verdadeiro herói, que não se fantasiava, que me *salvou do penhasco, e que eu não via há muitos anos desde que aquela tragédia nos acometeu. Pairava uma esperança no ar, ou pelo menos mais uma tela a pintar.*

*

Adeus São Paulo, menina corrompida, violenta e violada. Adeus, mãe. Jamais irei esquecer o momento em que a névoa encobriu a casa, e ofuscou nossos olhares de despedida.

O ônibus brecou com força. A nova rodoviária de Iguape ainda cheirava a tinta fresca, o que resgatou em mim a esperança de dias melhores.

RELATO 02

ODETE

Da droga da janela do quarto bisbilhotei o sereno tomando conta de tudo lá fora, encobrindo meu menino, que ia com a mala e o troço de pintar debaixo do braço. Diacho! E se ele escorregasse naquele quintal úmido e cheio de lodo, minha gente? Ô menino doido! Dinho era assim mesmo!

Chorei. Não tive como segurar. Afinal, eu é que tinha parido o cabra peste. Era pra se chamar Gustavo. Eu queria que fosse. Só que o safado do pai quis esse outro nome, e assim ficou. Sei lá por que essa história do registro me veio na cuca. Deve ser dor de despedida. E da raiva que senti naquele dia e resolvi lhe botar um apelido.

Enxuguei a choradeira com as costas de meu avental. Olhei de novo lá pras bandas do portão. Não tinha mais filho. Sumiu, na neblina.

Fechei a janela e fui até o banheiro lavar o rosto. Só então vi o quanto minha testa vinha marcada pelo tempo.

O jeito foi deitar um pouco. A cabeça latejava. O suor de Juarez ainda permanecia no lençol. Diacho! Isso me incomodou, sabia. Mesmo assim tentei descansar, mas meu olho não fechou de jeito algum.

Arrastei meu chinelo até a salinha e dei de cara com aquele quadro feio na parede, pintado pelo Dinho. Dizia meu filho que o troço era parte da decoração. Pode uma coisa dessas, um pedaço de madeira, rabiscado com tinta, enfeitar algum lugar?

Pois então: aquilo tinha um rosto desfigurado que ganhava vida. Um diacho! Sombrio. Sempre tive medo daquela coisa e, agora que meu filho havia descido pra Iguape eu jurei que o quadro maldito não iria durar muito tempo pendurado na parede.

Fiquei duas semanas desconjurando aquilo. E com a partida do Dinho, não sei bem o que ficou dentro desse meu peito murcho: se foi a tristeza ou a alegria da minha liberdade. Mas de uma coisa eu tenho certeza: pra casa ele não voltaria, muito menos pra nova donde eu ia me mudar. A decisão foi mesmo do Juarez. Marido é quem manda. E mulher prestativa sabe como é a cabeça desses homens que a gente arruma depois de anos sozinha, né. Chegam mijando em tudo que é canto e já querem resolver o problema em cinco minutos.

No dia em que tirei o quadro na parede, despachei igual à macumba, dessas colocadas na encruzilhada ou num canto de muro. Foi o melhor lugar que achei pra que alguém catasse aquele diacho e levasse embora. E olhe, parecia mesmo um despacho, o troço. Ninguém queria.

A neblina durou uma semana. E foi ela quem formou as gotinhas de água que escorreram pelo rosto do sujeito estampado naquela obra maldita. O jeito foi desconjurar mais uma vez e fechar a porta.

Antes que o Juarez retornasse do boteco, aproveitei pra encaixotar nossas trouxas. A casa nova esperava a gente. Juntei uns lixos e fui botar no muro. Eis que a tela tinha sumido lá do canto. Pra mim foi mágica. Ou descarrego mesmo, do mesmo jeito que se chuta macumba. Fiquei feliz pra caramba e aproveitei pra tomar mais um golinho da minha pinga. Havia tirado dois pesos da minha vida, um quadro maldito e um filho bendito, mas cê sabe, né... Bendito, mas viado. Ah, que suspiro bom que me encheu o peito murcho agora. Lembrei até do dia em que meu namorado pisou pela primeira vez no meu barraco.

*

CINZA SOLIDÃO

Chovia de noite quando o meu amorzinho entrou aqui. Só foi ele olhar na direção do Dinho, de pé lá no banquinho, arrumando a maldição na parede, que previ o final. Daria merda, com certeza. Era um domingo como outro qualquer. Meu filho tirou folga do supermercado e ficou grudado na pintura. Desenhava e assistia TV ao mesmo tempo. Fuçou tanto aquele aparelho que não deu outra, quebrou. Não tinha controle-remoto, sabe, e era a única coisa interessante que meu marido deixou pra gente antes de sumir naquele caminhão. E olha que isso já faz tempo.

Esse caso da televisão quebrada foi o estopim pra primeira briga entre o Dinho e meu namorado. Mas isso é assunto pra outra hora.

Na noite em que os cabra pestes se conheceram, um segurou a mão do outro daquele jeito, demorado. Quer dizer, o Juarez apertou forte a mão do Dinho, querendo mostrar que era macho. Foi o suficiente pra sair faísca das orelhas, tanto de um, quanto do outro. Notei na hora a indiferença que meu macho fez ao medir meu filho com certo nojo. Soltou aquele sorriso malandro, sua marca registrada. Esse tipinho de risada tola virou rotina e eu percebi o quanto meu filho também o detestava.

Um mês após esse encontro horroroso, o Juarez passou a frequentar minha casa também durante a semana. Ele geralmente fazia isso de noite, no horário até as dez, já que o Dinho ainda estava no supermercado. Não demorou muito pra ele vir me pegar de jeito todo santo dia e, por fim, aceitou minha casa como sua nova moradia. Achei até que ia pegar outro filho, ficar prenha de novo. Brincadeira.

Teve uma noite que Dinho chegou fungando, tomou um banho, se perfumou todo e saiu. Eu gostei, pois minha intenção era ficar a noite inteira acordada com o Juarez.

Assim que ouvi a porta bater, levantei, me lambuzei toda de creme e vesti a minha camisola rosa. Eu tinha usado aquela peça e ficado fogosa em outras vezes, mas juro que pensei: o resultado naquela noite seria o melhor de todos.

— Que é isso, muié? Simbora dormir!

Não acreditei quando ouvi aquilo do meu namorado.

— Não vai dizer que foi o Dinho que te broxou dessa vez! O menino nem bem chegou e já saiu Juarez! Tenha calma, homem!

— Só a presença do sujeito já me traz nojo. E mais, deve ter saído atrás de algum macho.

— Mas a gente...

— Tô com dor na cachola.

"Deve ter saído atrás de algum macho." Nossa! Pela primeira vez ele havia tocado num assunto que eu guardava a sete chaves lá no meio da minha teta murcha.

Por outro lado, Dinho sempre falou aonde ia. Era de deixar até o endereço num papel em cima da mesa. Só que daquele sábado em diante o cabra se calou.

O dinheiro do mercado, que até então vinha todo pra dentro de casa, agora servia para compra esse tipo de roupa extravagante. O mais estranho de tudo era que Dinho nunca chegava com uma namorada, o que aumentava o comentário sobre sua viadagem dentro de casa.

— Esse babaca metido a pintô agora tá andando até de calça apertadinha. Se continuar assim, vai é perder o emprego.

— Não fale bobagem, homem. Esse tipo de roupa tá na moda.

— Só se for pra viado, Odete!

Urh! Sempre detestei ser chamada pelo nome!

— Homi que é homi veste e fala como homi. — Continuou Juarez. — Cê andou percebendo, Ode... é... amadinha, como teu filho tem a voz adocicada? E já notou também como o peste desmunheca na hora que pegá no pincel?

Nem respondi. Só que aquilo deixou a velha aqui mais encanada ainda.

Meu namorado detestava meu filho, isso era fato, mas passei a ter certo desprezo pelo menino também. Maria vai com as outras? Pode ser.

Passei a não devolver mais os beijos que o Dinho me dava e nem respondia suas palavras de carinho. O ambiente em casa foi ficando cada vez mais tenso. Pensei inclusive que a falta de sexo com o Juarez era culpa do menino.

Num domingo chuvoso e frio, era por volta das três da tarde, o Dinho levantou e foi direto pra cozinha mexer nas panelas. Eu já estava nervosa, pois fazia uns quinze dias que não transava com o Juarez por causa da tal da dor de cabeça dele.

— Não mexe aí que a comida ainda não tá pronta! — Lasquei de vez.

— Mas já tá tarde e estou com fome — brincou o pobre, levando uma colher de pau na panela de arroz.

— Dane-se tua fome! Nem dinheiro mais cê coloca aqui dentro dessa merda de casa! Agora gasta é o dinheiro se vestindo como bicha.

— Como é que é mãe?

Juarez levantou do quarto e veio direto pra cozinha.

— É o que tua mãe falou, moleque do caramba. Bicha! Veado! É o que cê é!

Dinho fez que ia jogar a colher em Juarez. O homem partiu pra cima dele. Estava uma fera. Aos pontapés, meu filho deixou a casa, chorando, e ficou o resto da tarde sem aparecer. Chegou foi de madrugada e nem vi quando dormiu. Só soube que era ele por causa da porta rangendo. Só o Dinho pra fazer a porta gemer daquele jeito.

No dia seguinte ele tomou café sem dar o seu conhecido "bom dia". Foi trabalhar. Só que retornou cedo pra casa. Não ligou a TV que ele mesmo tinha mandado arrumar, nem pegou o maldito do pincel pra rabiscar aquelas coisas.

Já de noite, o telefone da vizinha tocou e Dinho correu para atender. Dessa vez eu fui atrás. Queria saber quem era o macho do outro lado da linha. Só que fiquei do lado de fora, perto da janela.

Assim que o cabra desligou, corri de volta pra casa e fingi que via novela.

— Quem era? — perguntei curiosa.

— Abdalinha, minha amiga do supermercado.

— Ela é sua namorada? — Tentei aquela resposta milagrosa que muitas mães querem ouvir.

— Não mãe! Bicha não fica com mulher. Pelo menos as assumidas.

Foi-se para o quarto. Voltei pra TV, indignada.

Juarez chegou cansado, tomou um banho de gato, jantou e sentou pra ver o jogo. Nem boa-noite deu. Eu sabia que, dia menos dia, ou ele ou o Dinho, um dos dois teria de sair por aquela porta.

Pra não criar mais expectativa sobre aquele telefonema, eu fui até o quarto conversar com meu filho. E eis que ele soltou:

— Perdi o emprego.

Pensei comigo: Agora ferrou tudo!

— Quando cê pega a tal da rescisão? Vou precisar de um dinheiro. Dívidas.

— Dentro de cinco dias.

Eta cinco dias da porra pra chegar! Ainda mais porque eu precisava de grana. O Juarez pouco entrava com dinheiro e eu era que tinha de bancar praticamente tudo.

Não deu outra. Fui até o supermercado papear com o gerente. Quando soube que eu era a mãe do Dinho, foi rápido e preciso:

— O problema é que não aceitamos homossexuais dentro da nossa loja. A senhora deve me entender. O que os clientes vão achar disso?

Retornei pra casa rasgando o asfalto, joguei a sacola de pães que havia comprado em cima da mesa e fui pro meu quarto deixando a porta quase encostada. Sabia que Dinho viria em seguida.

— O que houve mãe?

— Não me chame de mãe! Se teu pai tivesse aqui, jamais ia aceitar um filho nessa condição. Acho melhor procurar seu rumo.

— Então, mãe, mas meu pai não está mais aqui, mãe. Portanto, vou ficar.

— Tô namorando e o Juarez anda muito nervoso ultimamente. Pediu pra eu escolher: ou ele ou você.

— E a senhora...

— Como já te disse, acho melhor procurar seu rumo.

Levantei da cama e voltei pra cozinha. A sacola de pão praticamente sumiu no meio das varejeiras. Minha irmã Alzira dizia que esse tipo de mosca era sinal de coisa ruim a caminho.

Dois dias depois do Dinho receber um dinheiro e dar a metade na minha mão, o Juarez chegou dizendo que havia alugado outra moradia. A conversa entre a gente durou pouco.

— Não quero o Cláudio no novo barraco, Odete!

Urh! Lá veio ele novamente com o "Odete"!

— Tudo bem. Vou ter um diálogo com ele. Esse cabra precisa mesmo tomar um rumo na vida. — Fui me achegando mais pra perto do meu macho. - Agora a gente podia aproveitar que ele tá na rua e...

— Não quero, Odete!

— Porra! Não me chame mais por esse nome!

— Desculpa, velha! É que tô com uns probremas aí.

— Vai me dizer que é aquela dor de cabeça que não passa de novo!

— Não. É coisa séria. A gente precisa batê um lero.

— Então desembucha, Juarez!

— Sou o único macho aqui e não tô nem podendo vivê em paz. Teu filho me atrapalha em tudo, tenho nojo dele. E tu sabe muito bem disso.

— E...

— Eu quero dizê que tu tem agora uma escolha: ou eu ou aquele... Caso escolha seu filho, já vai dizendo logo. Não sou de muito lero lero.

Fui ao teto e voltei. Eu é que fiquei com dor de cabeça naquela noite.

Nos dias que se seguiram o Juarez voltou a ser aquele amor de homem. A gente passou a transar toda noite. Muito mais intenso do que quando se esbarramos. Confesso: o cabra me conquistou de vez.

Quanto ao Dinho, sem emprego e sem grana, teve de ouvir minha proposta

— Bem que cê podia ir pra casa da tua tia lá em Iguape. Ficar uns tempos, descansar. Ou até arrumar um emprego, quem sabe.

— Eu sei, mãe, que não sou mais bem-vindo nessa casa. Aliás, nunca fui. Eu sou a gosma que ficou do seu ex-marido, né. Toda vez que você olhar pra mim, vai se lembrar do meu pai, do mal que ele te fez.

Tentei mudar a prosa retirando o caminhoneiro da reta.

— Dinho, cê tem que me entender. O Juarez alugou essa tal de outra casa e quer que eu vá com ele. Cê tem que arrumar outro lugar pra ficar. Eu, depois de tanto sofrimento e decepção, encontrei um homem que me ama de verdade. Pena que ele não quer te aceitar.

— Pena que a senhora não me respeite.

No mesmo instante ele foi até o guarda-roupa e começou a tirar seus pertences.

— Pode ficar sossegada, mãe. Estou indo embora de casa. Já conversei com a tia Alzira. Pego meu fundo de garantia ainda essa semana e vou direto pra rodoviária comprar minha passagem. Meu destino é mesmo o Vale.

Juarez entrou de mansinho. A conversa teve um fim ali. Fomos todos dormir. Antes, porém, recebi aquele beijo na boca do meu homem. Daqueles que se vê somente em novela. Juarez era pura felicidade.

CINZA SOLIDÃO

*

Na manhã daquela neblina, antes de bater a porta da cozinha, aproveitando a ausência do Juarez, que já havia saído pra trabalhar, ouvi do meu menino uma última frase:

— Cuida bem da minha TV. Ainda volto pra pegá-la.

Fiquei pensando no Dinho, sozinho naquela rodoviária, naquele ônibus desembestado, indo pro litoral. Bem, ele tinha a Alzira, daí eu sosseguei. Era a certeza de que, quando meu menino chegasse lá, seria recebido de braço aberto por aquela louca que se achega em cristal e incenso.

RELATO 03

TIA ALZIRA

Fiquei foi assustada ao perceber que já era dezenove e quarenta quando bati o olho no relógio feito de vinil e pedras da terra, e que enfeitava brilhantemente a parede da minha sala. Será que meus pés aguentariam a caminhada até a rodoviária?

Nesse impasse entre a dúvida e a certeza de que meu corpo já não era mais o mesmo, fui até a cozinha, abri a geladeira e botei na minha caneca de Oxóssi um suco de Carambola bem gelado. Dizem os que se firmam especialistas na vida que nem os pássaros bicam Carambola, pois ela faz mal. Pois bem, virei metade goela abaixo e o resto eu despejei na pia. Era para o santo. Pago sempre pra ver.

Antes de sair, ainda retirei o bolo de fubá do forno e o cobri com um pano de prato. Dali eu fui para o espelho do banheiro me pentear mais uma vez. Acendi, então, uma pilha de incensos em todos os cômodos. Quis purificar o ambiente para receber meu sobrinho de braços abertos, sem que nenhuma energia negativa nos envolvesse.

O estranho foi que, mesmo com toda aquela fumaça aromática, notei uma varejeira rodeando o bolo. Usei o pano de prato que o encobria para matá-la com uma única espanada. Então, tive que fazer outra tarefa antes de sair.

Pensei em deixar o tecido de molho no tanque, mas acabei por lançá-lo na lata de lixo. Lá se foi o presente que havia recebido de Dulcinéia, mãe de Leonardo, grande amigo de infância do meu sobrinho.

Pronto. Agora eu estava livre das minhas manias. Com o pé esquerdo repuxando pra caramba, fui buscar o Cláudio na rodoviária.

O ônibus atrasou devido a um acidente na BR. Fiquei plantada mais de uma hora na mureta daquela plataforma meio que improvisada, esperando pelo meu **fofucho**.

Ventava muito. Vira e mexe uma camada de neblina pairava no ar, dissipando-se lá pelas bandas do Valo Grande, um canal que atravessa a cidade, providenciado pelo homem no Século XIX e que quase engoliu todo mundo num passado remoto.

O perfume sereno daquela brisa fina e fria passou pelo meu nariz e incensou toda a área. Era o alerta de que Cláudio estaria se aproximando da cidade.

Já passava das oito e meia da noite quando o ônibus encostou e aquele triste rapaz veio ao meu encontro. Além de suas malas e do display para pintar quadros, meu sobrinho trouxe consigo as mágoas e um olhar melancólico.

O abraço foi demorado. Também, fazia tempo que não o via. Ele não comentou nada sobre o atraso com o ônibus, nem sobre o acidente. Creio que tenha dormido na viagem ou preferiu me poupar de assuntos ruins.

Quis ser prestativa e peguei a mochila que ele havia deixado de lado. Estava leve demais.

— Não veio pra passar um final de semana, né?

— Nada, tia. Minhas roupas sempre foram poucas mesmo.

— Garoto prático, você!

— Insegurança, tia. A gente só monta um belo guarda-roupa quando temos a certeza de que aquele canto será nosso pra sempre. Já no meu caso nunca foi bem assim. A senhora sabia que minha mãe tá namorando outra vez?

— Odete e suas pedras. Que ela colha cada uma delas. Agora vamos pra casa que preparei coisas gostosas pra você, fofucho.

Assim que chegamos, após um banho rápido, Cláudio pôde saborear, antes do bolo, as manjubas de que tanto gosta. O sabor salgado e crocante daqueles peixinhos miúdos lhe fez voltar à infância, as aventuras na mata, as brincadeiras repletas de inocência ao lado de Leonardo e Bertinho.

— Sinto saudade daquele tempo aqui em Iguape, tia. De caminhar na mata com o Léo, de surfar, de pescar lá no mar pequeno. E meu amigo, como vai?

— Faz três meses que toda a família se mudou pro Alto Vale.

— Mas, por qual motivo? — brincou o menino.

Sorri sem graça, pois sabia bem a verdade sobre Leonardo.

— Vai-te descansar, fofucho! Amanhã te conto em detalhe o que realmente aconteceu.

Sem mencionar qualquer palavra, Cláudio se dirigiu para o quarto. Parecia mesmo cansado de tantas decepções. Ele saberia distinguir se fora apenas a penumbra de uma caverna ou a escuridão reveladora dos verdadeiros tormentos da vida que havia acometido aquela família para o Alto Vale.

Aproveitei o clima de saudade suprida e meditei até algumas horas da madrugada. Acendi outros tantos incensos e juntei todas as minhas pedras: quartzo, cristal, ametista, entre outras. Louca por um suco de Carambola, certa hora quis tomá-lo mais gelado ainda. Caminhei até a cozinha. Ao passar rente ao quarto onde Cláudio repousava, escutei seu choro contigo no travesseiro. Pensei em entrar pra ter uma prosa com ele. No entanto, o vício pela fruta falou mais forte.

No dia seguinte, logo cedo, após um reforçado café com direito ao que restou do meu bolo de fubá e também do bolo de roda que comprei na padaria, Cláudio saiu sem dizer para onde iria. Confesso que voltou tarde, quando o sol já se escondia por detrás do Rocio.

CINZA SOLIDÃO

— Onde você tava, menino? Não vai me dizer que foi até a antiga casa do Leonardo?

— Fui sim, tia. Pelo que a senhora disse, faz tão pouco tempo que se mudaram e a casa tá totalmente abandonada. Por quê?

Respirei fundo antes de responder:

— O Serafim e a Dulcinéia tiveram problemas com o Leonardo. Ele se meteu com roubo na cidade e... Também andou envolvido com drogas. Nem bem eles mudaram, os maloqueiros fizeram questão de destruir tudo, até a placa de aluga-se.

Cláudio permaneceu cabisbaixo. Continuei:

— A família inteira virou evangélica por causa do problema com o filho. Só que pelo jeito nem isso adiantou, né. A maldade já rondava todo mundo. Bem, eles tiveram que sumir sem deixar vestígio. Medo de morrer. Você sabe, né, Claudinho. Olha fofucho... Todo mundo aqui na cidade fala que, se eles não tivessem se mudado, em vez da casa destruída, era eles que estariam naquele estado.

Mais um gole no suco gelado e prossegui:

— Faz quinze dias que a avó do Bertinho, aquele menino que...

—... Que caiu da cachoeira e nunca teve o corpo encontrado, tia. Pode falar. Isso pra mim não é um martírio. Aconteceu e não tem como voltar atrás.

— Então, a avó do Bertinho recebeu uma carta da Dulcinéia. Em quase três páginas, a pobre coitada falou das suas frustrações e da nova moradia.

— Lembro bem do Bertinho, tia. Como seria se ele estivesse vivo?

— Mas quem lhe disse que o moleque tá morto?

— Aquela cena dele despencando me dá a certeza.

— Sinal de que isso ainda te martiriza sim, né meu sobrinho!

Cláudio desviou rápido o olhar e eu pesquei sua vontade de mudar o assunto.

— A avó dele continua na cidade. Vende churros na praça. — Continuei.

— E a tal carta, o que a dona Dulcinéia dizia do Leonardo? — Seus olhos já derramavam lágrimas.

— A pobre mencionou apenas sobre o aniversário de Felipe, que acabou de completar dezoito anos.

Cláudio sorriu por um instante. Pareceu recordar as festinhas que os pais de Leonardo e Felipe faziam para eles. Seus olhos não se desviaram mais dos meus. Peguei em suas mãos e senti o quanto estavam geladas.

Deixei Cláudio comendo um lanche e fui para o quarto pegar algo que ele se lembraria com ternura. Voltei com os braços virados para as costas.

— O que a senhora tá trazendo aí, tia?

— Apenas um pouco da sua infância.

Mostrei o papel rabiscado por ele e que eu havia moldurado. Na pintura, Cláudio eternizara uma imagem em que ele, Bertinho e Leonardo sorriam dentro de uma voadeira, na margem do Valo Grande, próximo a um trapiche.

— Nossa tia! A senhora ainda tem isso?

— E vou guardar pra sempre!

— Ah, joga fora! Cruel!

Ele observou por mais alguns instantes o quadro na minha mão, como se fosse seu pior trabalho. E não era. Aquilo ali tinha vida. Ele sabia, tanto que resistiu somente por alguns minutos em aceitar o passado glorioso que tivera.

Vieram novos sorrisos sem graça, e ele ali com aqueles momentos rebobinados como um filme em sua mente. Mas em determinado momento seu olhar dispensou a pintura. Sua respiração ficou ofegante, seu coração disparou. As pupilas dilataram.

CINZA SOLIDÃO

— Existe a possibilidade de a senhora conseguir pra mim o novo endereço da família do Leonardo? — Cláudio foi firme.

— Sim, claro! Amanhã pego com aquela velha chata do churros e te trago, fofucho!

E foi o que fiz.

RELATO 04

CLÁUDIO

Ao pegar o papel contendo o tal endereço, guardei-o imediatamente no bolso da bermuda cinza que usava. Continuei a leitura de um jornal regional. Deliciei-me com a *Tribuna* e as histórias daquele canto do mundo, assim como eu, esquecido por muitos.

Tia Alzira, que chegava com mais um lanche, sorriu ao se deparar com o sobrinho na plena serenidade. E seus olhos brilharam. Estava orgulhosa.

— Vou fazer o possível pra conseguir uma grana e ir pro Alto Vale, tia. Tenha certeza de que vou me encontrar com o Leonardo — disse a ela em voz firme, tamanho eu me sentia convicto.

— Deixe eu lhe emprestar o dinheiro, fio! — Tia Alzira queria a qualquer custo ver a minha felicidade.

— Não posso aceitar, tia. A senhora já me enviou o dinheiro da passagem de São Paulo pra cá. Aí já seria demais. E outra. Sou sadio, tenho forças.

Fui para o banho. Antes, porém, andei de lá para cá pensativo, apenas com a toalha enrolada na cintura. Lá na casa da minha tia Alzira eu tinha esta liberdade.

Quando retornei para o quarto e coloquei novamente a bermuda, notei que algo fazia certo volume no bolso. Tia Alzira havia colocado a grana suficiente pra que eu ficasse pelo menos uns dois dias na região da Barra do Turvo. "*Se* uma trilha nos apresenta atalhos, não há necessidade de retornar pelo caminho mais longo". Ela sempre me dizia.

Antes de tomar qualquer atitude e pegar o primeiro ônibus rumo a Registro, onde eu faria baldeação, fui à casa abandonada mais uma vez. A janela que dava para rua, ainda conservava um pouco do marrom escuro. Apenas a porta principal já não existia mais. Bom para mim, que entrei sem hesitar.

Por um instante busquei a parede úmida e ali escorei minha cabeça. Pude ouvir os "parabéns pra você" e sentir o calor humano de todas as crianças ao meu redor.

*

O aniversário era do Felipe, que completava seus dois anos.

Leonardo estava entristecido num canto da sala. Um chapeuzinho de papelão colorido e um balão de gás tentavam disfarçar a sua decepção por não ser o centro das atenções naquele fim de tarde.

— Ocê não qué comê um doce, Leonardo?

— Pra quê, Craudinho?

— Pra adoçá um pouco. Cê tá com cara de peixe seco e salgado.

Tentei rir com a própria brincadeira, mas percebi que o menino havia ficado furioso.

— Sai daqui, pateta! — disse ele, revoltado. — Vai pegá bexiga rosa que é do que ocê gosta, seu meio bichinha!

— Meio bichinha?

— É. Meio bicha. Ocê desmunheca. E meu pai falô que quem desmunheca é meio bichinha.

Como não adiantava brigar, fui soprar língua de sogra com o restante da molecada.

Tão logo a mãe do Léo chamou todo mundo para cortar o bolo, assim que comemos, saímos numa procissão para a rua estreita de paralelepípedo, onde estouramos todas as bexigas, inclusive as rosas.

— Se as bexiga voasse, juro que amarrava meu playmobil. Ele ia ficar feliz — gritou Bertinho.

— Então vai até sua casa, bobo, e pega ele pra gente brincá! — propôs Leonardo, agora contente com a ideia de ter o brinquedo em suas mãos.

Naquele momento, minha memória foi além do possível voo dos balões. Voei para o dia em que conheci os dois irmãos, Leonardo e Felipe. Lembro que Léo jogava bola com o Bertinho, quando passei com minha Monark que havia ganhado da minha tia. Leonardo deu um chute violento na bola, que veio direto na minha cabeça. Caí no chão e ralei um dos braços. Dona Dulcinéia, que segurava Felipe no colo e conversava com o marido na mesma janela marrom agora desbotada, veio ao meu encontro com um frasco de álcool repleto de folhas de gelol curtidas. Não hesitou em lascar na ferida. Doeu demais, porém, o ardor passou em minutos.

— Aproveita e brinca com os meninos — sugeriu a mãe de Leonardo. — Logo logo cê nem vai mais tá sentindo o machucado.

Mesmo não curtindo muito futebol, resolvi jogar. Foi mais para conhecer aquele garoto de olhos azuis, voz arrulhada, que havia me encantado de certa forma.

Daquela tarde em diante, todos os dias lá estava eu chamando Leonardo para brincar. Não ligava muito para o Felipe, pois ainda era moleque de fralda. Agora, de Leonardo eu tinha ciúme. Era só o ver brincando com o Bertinho que meu dia acabava.

O que eu gostava mesmo era de ver o Léo correndo atrás dos pombos com estilingue. Nunca imaginaria que os pombos venceriam esta guerra e invadiriam o quarto que um dia fora de Leonardo, hoje cheirando mal, sem forro e cheio de ninho deles.

Suado de tanto saltar e matar os pobres coitados, lá ia meu amigo nadar no rio só de cuecas. Mas teve uma vez que

CINZA SOLIDÃO

ele nadou pelado. Teria ele a intenção de me provocar? Até hoje tento buscar a resposta. Talvez nunca consiga encontrá-la.

— Tenho vontade de voá como as pomba! — eu gritei.

— Pois então voa bem alto, que nem as bexiga vai te alcançá! — completou Leonardo, berrando na direção daquele céu tão azul quanto seus olhos.

Uma alegria incrível invadia meu peito. É difícil de descrever ao certo a sensação. Acho que era a forte amizade tomando conta de mim, inocente, porém, esquisita. Se pelo menos meu pai estivesse perto de mim naqueles instantes, talvez eu soubesse a resposta. Só que ele partiu quando eu ainda era uma criança. Levou consigo minha vontade de conhecer o que havia no mundo, fora de mim.

*

A buzina de um caminhão me fez voltar do transe. Lá estava eu na janela, o sol queimando a nuca. Precisava rever meu amigo, dizer a ele tantas coisas. Abraçá-lo. Foi então que, no dia seguinte, com o dinheiro emprestado de tia Alzira, fui ao seu encontro.

RELATO 05

CLÁUDIO

Juro que pensei que a cidade ficava perto de Registro, pois no Vale do Ribeira tudo parece estar logo ali. Puro engano. Só depois de algumas horas de pânico passando por estradas sem asfaltos e cheias de barrancos é que desci na pequena Barra do Turvo. Aproveitei a fome e comi um delicioso pastel numa feirinha, tudo para compensar a viagem. E como num estalo, peguei o papel que já se encontrava amassado no bolso da calça e fui buscar o passado perdido.

Demorei a achar aquela casa, pois o bairro ficava bem afastado do pacato centro. Aproveitei para contemplar a paisagem. Por toda a cidade, uma única montanha imperava. Do cume desse monte algumas pessoas pulavam de asa-delta pousando tempos depois num campinho. Lembro que atravessei uma ponte de madeira tentando procurar algo do outro lado. Duas meninas molhavam os pés no leito de um pequeno riacho. A maior, de pele branca, loira de olhos azuis, comentava algo sobre a divisão que aquela corredeira formava. A outra, um tanto menor e de pele jambo, prestava atenção. Parecia estar ali pela primeira vez como eu.

— Esse riacho aqui divide os estados. Desse lado aqui ainda é São Paulo, e do outro já é Paraná.

Parecia que aquela galega, mesmo que inconscientemente, me explicava sobre os traçados que dividem a nossa própria vida. Ainda em cima da ponte, contemplei as águas cristalinas da corredeira enquanto aquele ensinamento borbulhava na minha mente.

CINZA SOLIDÃO

Depois de uns vinte minutos caminhando, deparei com aquela esquisita moradia de cor amarela e de muro baixo e esburacado. Bati o olho três vezes no papel e no número escrito a carvão na parede, só pra ter a certeza de que não estava nem um pouco enganado.

Nem precisei bater palmas. Para minha surpresa, um lindo jovem de músculos torneados e cabelo arrepiado surgiu na porta da sala, tocando com cuidado na maçaneta daquela entrada um tanto apodrecida. Dali para o portão foi questão de segundos:

— Pois não?

— Por favor, é aí que mora o Leonardo e o Felipe?

— O Felipe sou eu.

Sorri. Havia encontrado. Se o irmão do Léo estava bonito daquele jeito, imagine ele!

Fiquei inquieto. Queria saber logo sobre o paradeiro do meu companheiro de infância, o garoto que me fez sentir o verdadeiro valor de um abraço, de uma despedida.

Dona Dulcinéia foi outra que apareceu logo em seguida, e na janela. Estava velha, cheia de rugas.

— O que deseja?

— Queria falar com o Leonardo. Ele tá em casa senhora? Ela hesitou um pouco.

— Entre, por favor!

Tudo lá dentro era muito simples e as cores tristes. Nem televisão tinha. Apenas um rádio antigo no centro da sala.

Sentei num sofá sujo e rasgado. O que teria acontecido com aquela família? Será que a fé havia exigido tal simplicidade? Ou o problema com o filho mais velho os desviara para tal caminho? Precisava de uma resposta. Foi quando saiu do quarto o senhor Serafim, portando uma bíblia numa das mãos.

— Quem é você? — seu rosto deixava claro a sua desconfiança.

— Sou o Cláudio, sobrinho de dona Alzira.

Nesse momento a minha situação ali dentro mudou. Todos vieram me abraçar, exceto Felipe, que continuou escorado na parede me olhando de cima a baixo.

— Tu ainda não sabe que fim levou nosso filho mais véio? — indagou Serafim. E sem medir palavras soltou: — Morreu faz um mês. Né, Dulce!

Dona Dulcinéia, totalmente sem jeito e visivelmente emocionada, concordou com a cabeça.

Olhei para todos os cantos da sala. Procurei pela imagem de um santo amarrado num tronco, e com o corpo todo perfurado por flechas. Não encontraria jamais. Mas se encontrasse, ajoelharia aos seus pés e pediria meu companheiro de volta. Ou tiraria a imagem do santuário de tanta raiva, dor e desilusão.

Observei Felipe mais uma vez. Havia me sobrado parte de Leonardo pra que eu continuasse amando. Neguei o chá que dona Dulcinéia me trouxe.

— Mas por que vocês não avisaram na carta que enviaram pra avó do Bertinho?

— Tudo aconteceu depois que nós colocou a carta no correio — explicou o patriarca.

Percebendo meu descontentamento e vendo que eu não queria mais ficar ali, a mãe de Felipe pediu para que Felipe me acompanhasse até a rodoviária. Despedi-me dos velhos apenas com um aperto de mão. No caminho, perguntei ao jovem:

— Em que lugar ele está enterrado?

— No coração de cada um de nós, Cláudio.

Fiquei sem entender nada.

CINZA SOLIDÃO

Entrei no ônibus e permaneci o tempo todo de olhos bem abertos. Precisava ficar acordado para não me deparar sonhando com o passado novamente. Acenei com a mão e vi que pela primeira fez Felipe sorriu para mim.

Já de volta à Iguape, na beira do rio que dá nome ao Vale, contemplei o fim de tarde. O céu e a água pareciam um só. Unificados como o amor verdadeiro que um dia uma criança que andava de bicicleta sentiu. Algo acima do bem e do mal, que nunca meu pai deu a resposta, pois tinha ido embora. Todos haviam partido, sem ao menos dizerem "adeus".

RELATO 06

FELIPE

Tenho que confessar: durante todo o tempo em que estive ao lado de Cláudio, admirei o jeitão do cara sem parar. E mesmo um tanto nervoso com aquela beleza exótica, eu fiquei triste quando o ônibus partiu.

Já em casa, entrei no meu quarto, onde passei o resto da tarde observando as fotos de aniversário da minha infância. Pensei em Leonardo, que nelas mostrava o seu verdadeiro lado humano. E nesse tal amigo de que ele tanto falava, mas que eu não lembrava. Também, era pequeno demais naquela época.

De repente, comecei a fica inquieto. Algo de estranho acontecia comigo. Aquele olhar penetrante insistia em continuar na minha mente. Orei, pedi ajuda. Nada adiantou.

Tirei a roupa já suada e entrei debaixo da água fria. Passei sabonete por todo o corpo. Queria purificação, mas aquele olhar permanecia. Então, a pele escorregadia começou a me excitar. Novamente no quarto, chorei e pedi desculpas ao Pai. O pecado andava ao meu lado. Só que eu era cristão e os meus pais iriam me matar se soubessem daquilo, assim como mataram meu irmão.

À noite fomos ao culto. Tive a revelação. Uma irmã gritava:

— O que será de ti se nunca conheceres o amor entre um homem e uma mulher?

CINZA SOLIDÃO

Os braços levantados para o alto doíam. O choro não cessava. A minha voz estava sumindo. Pedi ajuda a um senhor do lado.

— Tá tendo a revelação, irmão?

— Sim, tô. E é cheia de dor e solidão. O que faço?

— Continue a orar. Receberá a bênção, com certeza.

Nada aconteceu.

Após o culto, perambulei pelas ruas sem rumo. Atravessei pequenas brumas. Queria mudar de dimensão, se possível. Dimensão? Que é isso meu Deus! Acima da Terra, apenas o reino dos céus.

Parei em cima da ponte. Olhei a água cristalina. Ela refletia uma lua linda.

Já em casa, na cama novamente, o desejo veio mais forte ainda. O lençol encharcado agora grudava na pele com as veias saltadas. Era a punição, eu tinha certeza.

— Pai Celestial, o que está fazendo com seu filho? Por favor, imploro! Traga-me a cura!

A dúvida cruel de qual caminho seguir veio forte em minha mente. Por um instante abandonei o evangelho. A tentação pairava como aquela neblina ao meu lado. Foi quando a revelação surgiu mais clara. Uma voz falou dentro de mim:

— Você precisa contar a verdade!

Na manhã seguinte, logo que acordei, inventei ao meu pai que a diretora do colégio havia me pedido um documento que só conseguiria na antiga escola onde estudava. Assim, parti para o litoral. Precisava encontrar o Cláudio.

Durante a viagem, permaneci o tempo todo sentado ao lado de uma linda menina. Ao perceber que estava atraído por ela, imediatamente puxei conversa, principalmente para fugir daquele desejo maldito.

— Você é do Vale? — Me senti entusiasmado.

— Não, mas se você me apresentar a região, eu ficaria agradecida.

Aquela voz suave, aqueles cabelos negros voando por causa do vento que adentrava pela fresta da janela, tudo me encantava. Até que enfim, uma Laura em minha vida.

Já em Iguape, na beira do Valo, nos despedimos. Trocamos endereço e telefone. Fiquei confiante, mas a euforia durou pouco. Depois de dar uma volta pela rua onde morei e me sentir mal ao ver minha antiga casa depredada em tão pouco tempo, caminhei até o bairro onde morava dona Alzira e dei de cara com o amigo de meu irmão sentado na calçada. Nossos olhares se cruzaram. Permanecemos um bom tempo parados, os olhos brilhando, a pele voltando a suar.

— Sabia que você viria! — disse Cláudio, quebrando o silêncio.

— Vim porque preciso lhe contar algo.

— Vamos entrar!

Após o delicioso lanche que só sua tia sabia fazer, fomos até a Praça da Basílica. Cláudio cutucou-me:

— Gosta de templos como este?

— Nem um pouco, sabe! — respondi bruscamente, cuspindo logo em seguida. — Quando vocês passam em frente de alguma coisa ruim, sempre fazem o sinal da cruz. Então por que fazem o mesmo sinal quando estão diante da igreja?

— E quem lhe disse que sou assim, Felipe? — O garoto abriu um sorriso maroto e passou a me olhar fixamente. Só podia ser o demônio agindo. — Nenhuma religião me quer. Aliás, a maioria me condena.

— O que fez, então? Por que foi expulso do paraíso?

— Sou diferente apenas. Amo e muitas vezes não posso ser amado. Tenho alguns sonhos que geralmente não são realizados. Mesmo sendo de carne e osso, humano, igual a você. Dá pra entender?

CINZA SOLIDÃO

— É lógico que dá! Deus criou o homem e a mulher pra ser um só, procriarem, trazerem vida. Agora, o que você teria a oferecer?

— Desejo!

Sua feição mudou e meu coração voltou a bater forte. Cláudio parecia ter um apetite carnal dentro de si.

— Você é o diabo! — falei em voz alta.

— Não importa pra ninguém quem eu sou. Muito menos o que faço da minha vida. Vem cá, por que você me olha assim, hein, Felipe? Meu chifre tá corroendo seu psicológico? Se algo aqui te incomoda é sinal de que alguma coisa dentro de você te perturba. É ou não é? Caso contrário, você poderia me ver agonizando numa sarjeta e não fazer absolutamente nada.

Preferi não dizer nada. Procurei o chão para contemplar.

— Bom, deixemos suas complicações de lado. — Ele continuou. — O que o fez me procurar aqui em Iguape? Foi o desejo?

— Na verdade, meu pai mentiu quando disse que o Leonardo havia morrido. A gente se isolou de todo mundo pra ver se ele deixava aquela vida de cão e virava um homem decente. Mudamos de religião e de cidade. Encontramos Deus. Mas nada adiantou, sabe. Até que, certo dia, meu pai resolveu expulsá-lo de casa.

Cláudio saltou do banco, ao mesmo tempo assustado e feliz.

— Obrigado por tudo, Felipe! Obrigado, meu Deus! Você não tá mentindo só pra me deixar alegre, né? — Ele ia do êxtase à dúvida assim como se muda de roupa em dia quente.

— Estou falando a verdade. Leonardo tá vivo! Só não sei onde ele tá. Sei lá, talvez more em São Paulo. Aquela cidade sempre foi seu sonho. De repente, podemos ir ao seu encontro.

— E que tal, depois de achá-lo, uma recompensa para ambos? — Ele sabia como mexer comigo.

Calei por um instante. Qualquer coisa que dissesse, poderia me entregar ao fogo, ao inferno. Ele me abraçou e pude sentir o calor de seu corpo. O pior acontecia. Em seguida, o olhar penetrante novamente. Era o meu fim.

— Vamos encontrar seu irmão, Felipe!

Novo abraço, nova tentação do demônio. Enfim, havia tirado um peso da minha consciência. Mas, e meu pai? O que haveria de acontecer com ele, que mentiu segurando a Bíblia na mão? Por um instante, deu vontade de descer do ônibus, que já seguia pela estrada, e tentar uma pesca na água salobra no mar de dentro. Ansiedade em ter mais um baque ao lado do mal.

RELATO 07

TIA ALZIRA

— Tia? O que pode acontecer a alguém, quando essa mesma pessoa diz a pior mentira do mundo, ainda por cima segurando uma Bíblia na mão?

Não saberia responder nunca. Então, com aquele jeito iluminado e a voz suave, Cláudio me falou sobre o final trágico que o Serafim quis dar ao seu filho mais velho.

— Como ele foi capaz de te dizer algo tão cruel assim?

— Não sei, tia. Só que a mentira teve pernas curtas. Felipe me contou a verdade. Acha que o Léo pode estar em São Paulo. O menino se sente até aliviado por desmentir o pai.

Leonardo jamais foi e será flor que se cheire. Agora, saber que seu pai tentou matar o pobre coitado na memória de todos só para se livrar das preocupações, sinceramente, esse Serafim eu desconhecia. E a Dulcinéia, tão meiga, tão verdadeira, acatando a maldade do marido, colocando todos os problemas dentro de um barril e enterrando em campo minado!

— Quero voltar pra São Paulo. A senhora vai ver, tia, vou encontrar o Léo — disse meu sobrinho em tom eufórico.

— Com que dinheiro, Cláudio? — Sei que fui dura, mas tive de fazer essa pergunta. — Ir pra lá e ficar no mesmo local onde todos te abandonaram? Isso seria o fim. Bom, se quer ir, não posso impedir você, mas consiga o dinheiro suficiente pra bancar um hostel ou quarto de pensão. Esteja livre, e as pedras que irá encontrar pelo caminho serão bem menores.

Sabia que ele iria me ouvir. Tanto que, no dia seguinte, bem cedo, saiu de casa em busca de emprego e não retornou para o almoço. Como eu precisava de alguns mantimentos, resolvi dar um pulo até o supermercado. No caminho, deparei com o meu sobrinho segurando uma enxada nas mãos e tirando os matos de um terreno. Desviei a rota para que ele não me visse.

Cláudio voltou tarde, todo sujo. Tomou um banho demorado e jantou em silêncio.

— Fui fazer compras hoje de manhã.

— Vi quando a senhora passou e tentou se esconder. Ficou com vergonha de ver o sobrinho trabalhando, é?

— Que nada, fio! Só não queria te ver sem jeito. Afinal, seu mundo sempre foi outro.

— Minha mãe nunca iria imaginar que eu, o filho delicado, capinaria mato, né, tia.

— Provavelmente a Odete nunca idealizou um filho sonhador, com tanto amor assim pra dar. Um belo rapaz que, quando criança, viu coisas que um menino naquela idade jamais poderia ter visto. O pai que bebia demais, que quebrava tudo...

Seus olhos lacrimejaram. Então, foi a minha vez de continuar:

— ... que jogava toda a comida no lixo e depois ia pra cama roncar. Eu corria pra casa da vó e nem ela dava abrigo, tia. Daí só me restava mesmo a calçada. Ficava ali, até meia noite ou mais, esperando que minha mãe viesse me buscar. Geralmente, mesmo depois das brigas com meu pai lá em casa, ela tinha de passar roupas de uma vizinha chata, que não permitia que eu ficasse ali. Por isso que eu permanecia ao relento, tia. Até que, certo dia, bem embaixo da árvore mais frondosa da rua parou um carro que nem lembro a marca e um casal de namorados se beijava e ouvia lindas músicas naquele toca-fitas todo iluminado. Daquela noite em diante, quase sempre eles paravam ali. Então, lembro que comecei a

CINZA SOLIDÃO

decorar as letras e numa noite cantei as músicas. Bem alto. Os pombinhos passaram a me presentear com doces e chocolate. O toca-fitas iluminado, tadinho dele! Passou a ficar a maior parte do tempo desligado, pois eu havia virado o cantor oficial. E assim eu esperava pela dona Odete. Já não me sentia tão sozinho. Entendo a atitude da minha mãe naquela época, sabe tia. Ela tinha que trabalhar.

— Pois nunca vou entender minha irmã. Deixar o filho na noite perigosa, solto no mundo, só pra provar que era uma lutadora. Queria eu morar em São Paulo pra estar ao seu lado.

Abraçamo-nos e meu sobrinho se levantou indo direto para o quarto. Permaneci em silêncio ali onde estava. Precisava ficar um tempo comigo mesma.

Naquela madrugada, pela primeira vez não tive vontade nenhuma de tomar suco de Carambola, mas fiz o percurso até a cozinha por várias vezes. Fiquei preocupada com o menino.

Sabe, mesmo eu distante da vida que Cláudio tinha em São Paulo, aqui na cidade de Iguape pude participar de um pouco de sua infância. Os momentos mais felizes de sua vida, com certeza a tia Alzira aqui esteve presente. Posso dizer que vi o menino sorrindo por diversas vezes.

A luz do sol já passava pelas frestas da janela quando levantei. Corri até seu quarto e percebi que a cama estava arrumada. Abri a janela. Lá ia meu sobrinho, com a enxada na mão, atrás de mais um sonho.

— Vá com Deus! — gritei.

O menino apontou para o céu. Tentei olhar, mas a claridade ofuscou minha vista. Entendi o que ele quis dizer. Deus estava com a gente.

Dessa vez voltou para o almoço. E mostrou o dinheiro que ganhou na labuta.

— Daqui um mês e meio terei o suficiente pra ir atrás do Leonardo, tia.

— Pelo jeito você vai ficar de vez por aquelas bandas. — Já estava morrendo de saudade.

— Claro que não, tia! Vou permanecer em Sampa somente até encontrar o Léo. Mas antes de voltar pra cá quero pintar mais um quadro. Tenho um desafio. Encontrar, na mistura da tinta, a tonalidade do cinza que está inserido nas pessoas daquela cidade. Depois pego meu rumo de volta, pois esse lugar é mágico pra mim. O colorido daqui me fascina.

— Compreendo.

— E é aqui que quero morar até morrer. Ou aqui, ou em Gramado, lá no Rio Grande do Sul. — finalizou.

Passei a tarde pensando no assunto. E em meu falecido marido, que partira há tanto tempo. Peguei no sono. Sonhei que eu e o Cláudio estávamos num pomar. Lá, meu marido colhia limão, o fruto que sempre chupou, e sem adicionar açúcar. Só mesmo o Zeca para fazer aquilo! De repente, um homem vestido de branco, de rosto largo, veio em nossa direção. E ficou surpreso ao ver meu sobrinho.

— Cláudio! Já está por aqui?

— Vim com minha tia ver o Zeca chupar limão.

— Vai ficar com a gente?

Sempre sorrindo, o menino respondeu:

— Ainda tenho que voltar. Preciso compreender o amor. E encontrar a tonalidade daquele cinza que me persegue. Só assim minha missão vai estar cumprida.

Tudo foi ficando da cor da roupa do estranho homem. Acordei suada. Meu sobrinho se encontrava ao meu lado.

— Teve um pesadelo, tia?

— Sim. Vi seu tio, Cláudio. Vi o Zeca.

— Chupando limão?

— Tava colhendo alguns no pomar. Acho que era pra chupar depois.

CINZA SOLIDÃO

Rimos. Levantei e fui direto para a cozinha, pois já era tarde e tinha de preparar a janta. Deixei meu sobrinho meditar um pouco sobre o sonho, sobre a vida. Eu entendi qual era sua missão. Sabia que aonde ele fosse, a vida lhe proporcionaria todas as respostas.

RELATO 08

CLÁUDIO

Após lutar com o garfo por causa dos calos que ganhei nas mãos e, enfim, matar a fome, eu me joguei no sofá para ver o noticiário. Na velha estante de madeira jacarandá, próximo ao rádio relógio, avistei uma foto do meu tio colocada num porta-retratos de papel reciclado. Voltei a escutar as informações na televisão. De repente, parei de prestar atenção ao que o repórter falava. A imagem foi se transformando num campinho, onde meu tio Zeca jogava bola com Leonardo.

*

Apesar da pouca idade, meu amigo perdia feio na corrida. E se não fosse a péssima atuação de meu tio Zeca no campo, Leonardo arrastaria mais uma derrota.

A tarde era de outono. Um céu azul lindo, sem nenhuma nuvem. O sol tímido insistia em meio ao vento gelado. Eles pararam o jogo e ali mesmo comemos um bolo de roda e tomamos tubaína.

Meu tio foi conversar com um amigo que passava a cavalo. Lembro-me do esterco caindo, o rabo do bicho balançando, o que fez Leonardo sentir nojo e quase vomitar. Como ele não queria ver mais aquilo foi para o fundo do campo que dava para a mata. Então, passou a contemplar a densa vegetação, como se algo ou alguém o chamasse para dentro. Meu amigo arrastava os pés no gramado e ia conforme o piar dos pássaros. Até parar diante de *uma entrada, como se fosse uma trilha. Fui até ele e, achando que ele se aventuraria na floresta, puxei seu braço.*

— Aí é perigoso. Minha tia disse que a gente nunca deve entrar na mata assim, sem proteção. Tem cobra, onça, tá cheio de bicho. Um tantão assim — pedi.

Leonardo apenas sorriu. Eu sabia que em breve ele voltaria ali e adentraria sem medo algum, pois seu pai Serafim lhe dava fumo de corda como amuleto.

*

Tiros.

Os pipocos fizeram com que eu desse um salto do sofá. Estava de volta à sala. A violência de São Paulo era retratada na televisão como num filme policial. Eu não queria aquilo. Não precisava.

Fechei os olhos para entender que meu mundo agora era outro. Brutalidade era coisa do passado. Deixei a memória fluir, ir além. Voltei a visualizar o gramado. Mas aquele campinho deu lugar a um chão de barro por onde corriam os amigos de meu pai, cheios de ódio e violência.

*

Vi-me perdido num canto próximo a um capinzal, olhando para o lanche que um garotinho devorava. Queria um também. Na verdade, queria igual, bem recheado, mas não tinha dinheiro. E sabia muito bem que meu pai negaria se eu pedisse a ele. Entretanto, não custaria tentar. Invadi o campo num dos intervalos. Meu pai limpava o suor numa toalha bordada. Com certeza a pegou lá em casa. Ai se minha mãe soubesse daquilo!

— Pai, tô com fome.

— Não trouxe dinheiro. Espera mais um bocadinho e a gente já volta pra casa. Daí você come.

Retornei ao assento de madeira e fiquei quase uma hora esperando.

Após o jogo, meu pai passou a dançar no meio do batuque feito em frente à lanchonete. Várias garrafas de cerveja denunciavam a bebedeira do pessoal.

De uma pequena carteira, vi quando ele tirou uma nota, algumas moedas e deu ao balconista. Foram mais de cinco dozes de pinga pura.

O suor voltava a escorrer de sua testa. De repente, o samba se calou ao quebra-quebra de garrafas. Cortes profundos, sangue que jorrava pra todo lado. Assustado, meu pai me pegou pelo braço e fomos para casa. Afinal, eu estava com fome e precisava comer.

*

Agora entendo o motivo de detestar tanto esses arrasta--pés que chamam de futebol, apesar de ter conhecido Leonardo por causa de uma bola.

Fui para o quarto e dormi rápido. Tive o mesmo sonho da minha tia. Era um lugar de muitas árvores e frutos. Meu tio Zeca colhia vários limões. Um homem vestido todo de branco veio em minha direção e perguntou se eu ficaria por ali. Respondi que precisava voltar, pois queria encontrar meu amor, pintar um quadro com uma tonalidade precisa de cinza, cumprir minha missão. A imagem foi sumindo.

Acordei de madrugada, todo suado. Guardei parte do sonho só para mim.

Com dores nas costas e cheio de bolhas estouradas nos pés e nas mãos, acabei por ficar em casa no dia seguinte. Percebi que um mês e meio seria pouco para juntar o suficiente e ir ao encontro do Leonardo.

CINZA SOLIDÃO

Passei boa parte daquele tempo olhando para o telefone. Queria ouvir a voz de Felipe.

Cansado de ficar esperando, tomei emprestada a bicicleta de minha tia e, com grande esforço, fui até o campo. O mato cobria toda a extensão. O local estava abandonado. Só que lá no fundo, aquele feixe no meio da vegetação ainda estava intacto. O tempo ou algo que ia além do nosso entendimento humano deixou a entrada da trilha perfeita.

Não deu outra. Fiquei cara a cara com a exuberante mata. Deixei a bicicleta já um tanto enferrujada escorada num tronco caído e entrei pela trilha. Tudo parecia estar no seu devido lugar. Apenas algumas placas de indicação mostravam que o tempo havia passado.

As árvores frondosas faziam com que o dia quente se transformasse numa tarde escura de outono. Sentia coragem, mas temia cruzar com uma onça. Às vezes também olhava para os cipós, imaginando que fossem cobras. Mas algo me dava ânimo para continuar. Era a pedra gigante no final daquele caminho. O rochedo onde eu e meu amigo um dia cravamos nossos nomes, e onde Bertinho havia despencado.

Meia hora depois, totalmente esquecido das dores, cheguei respirando fundo.

— Como pude desprezar esta cachoeira, meu Deus? — pensei.

Por um instante, voltei a lembrar de todas as pessoas importantes da minha vida, inclusive do casal de namorados lá embaixo da árvore na antiga rua de casa. E no meio daquele doce pensamento, a imagem do santo da igreja, cheio de flechas pelo corpo.

Assustei-me, pois tive a nítida impressão de que ele, o santo, estaria por ali, escondido em algum lugar. Ou seria o espírito do Bertinho?

Caminhei até a pedra. Lá estava o meu nome e o de Leonardo. Nem as onças e as cobras, muito menos os que me abandonaram, destruíram aquele momento. O registro era real e imortal. Sabia que a mata, minha amiga fiel, abundante na cor e na grandeza, que guardou com tanto carinho aquele laço de amizade, jamais deixaria que eles o destruíssem.

Olhei para o alto. Senti-me pequenino em meio aquela imensidão. Levantei as mãos e gritei:

— Ei! Prometo que lutarei ao seu lado contra todos e tudo, para cuidar desse cantinho mágico.

As folhas balançaram. A floresta havia me escutado. E com bravura, travaria ao meu lado uma batalha com aquele que quisesse destruir meu passado glorioso.

— Bertinho! Fique bem!

Voltei feliz. E deitei na rede para balançar um pouco. As dores recomeçaram mais fortes. E as lágrimas tiveram duplo sentido.

— Está chorando, Cláudio?

— Estou, tia. Minhas mãos e meus pés não param de latejar. — Ainda bem que eu tinha essa desculpa. — Vou fazer uma compressa de água morna com sal e depois passar uma pomada. Amanhã vai estar novinho em folha.

Tia Alzira já ia para cozinha quando voltou desconfiada:

— Dê retorno ao seu amigo Felipe.

— Por quê? Ele ligou?

— Sim, ligou. Disse que não era nada importante. Mas você sabe, né, Cláudio. Fiquei com a pulga atrás da orelha. O Felipe quer lhe falar alguma coisa importante sim. Eu senti isso.

Mancando um pouco, caminhei até o telefone e liguei lá na vizinha do Felipe. Poucos minutos depois, aquela voz rouca dava seu ar da graça:

— Pronto!

— Felipe? — Os meus batimentos cardíacos aumentaram.

— Sim, sou eu, Cláudio!

CINZA SOLIDÃO

— Que bom ouvir sua voz.

Ficamos em silêncio. Sua respiração mostrava tamanha ansiedade. Até que ele quebrou o gelo:

— E aí, Cláudio? Quando nós vamos pra capital?

— Daqui a um mês e meio ou dois. Tudo bem?

— É... Tudo — respondeu desanimado.

— Preciso arrumar uma grana pra gente não ficar na casa dos outros. Mas antes disso gostaria de te ver. Tem como?

— Também tô sem grana pra descer pro litoral.

Eu sabia que o dinheiro não era empecilho para ele.

— Ah, para com isso, rapaz! Já nos conhecemos desde criança e entre nós não há inimizade.

Felipe se animou do nada:

— Que tal esse final de semana? — indagou. — Preciso mesmo pegar uma praia e andar pela minha cidade querida.

— Você nunca gostou de Iguape, vai. E acabou de dizer que tá sem dinheiro.

— Gosto sim.

— Então venha e fique pra dormir. Será um prazer.

— Pra dormir, Cláudio?

— Tem outra cama aqui no quarto e minha tia ficaria...

— Não vai dar pra pernoitar aí.

Novo silêncio.

— Procura me entender, cara — finalizou.

Depois da desfeita desliguei. E outra, por mais que ele fosse belo e sua voz provocante, eu ainda pensava no seu irmão. Olhei pela janela. Ao longe, a mata parecia sorrir para mim. Deitei em paz e dormi bem naquela noite. Pelo menos na floresta eu podia confiar.

RELATO 09

FELIPE

"Sai de mim! O sangue de Jesus tem poder!"

Aquela tentação teimava em perdurar. Implorei aos céus, ao próprio Criador do universo, aos anjos. Nada aconteceu.

"O bem luta e vence o mal. Não há feridas ou desgraças quando se gosta de alguém. Por isso os anjos ficam impotentes... E a própria força divina passa a oscilar."

Voltei a contemplar as fotos. Verifiquei cada detalhe. E no meio de tantas interessantes havia uma tremida e amarelada. Leonardo brincava no campinho com o Zeca, falecido marido de Alzira. E o anjo da noite, como o Cláudio sempre gostou de ser chamado, abraçava alguém na qual o rosto não era visível. Forcei a vista, a memória e a lembrança. Sim, aquele que estava ao seu lado era o Bertinho, grande amigo de meu irmão. Morreu na cachoeira. Sua avó foi a única que continuou lá pelas bandas de Iguape após a tragédia, e vendendo seus churros.

Aproveitei para retirar aquela foto do álbum e a guardei no meio das roupas que eu havia separado para a viagem. Precisava mostrar ao Cláudio. Sentia essa necessidade.

Durante todo o percurso até o litoral, mexi várias vezes na mochila pra ter a certeza de que aquela foto estava bem guardada.

Ele não avisou que iria me esperar na rodoviária. Quis fazer surpresa. Ao desembarcar, logo avistei aquele rapaz de sorriso largo e olhar penetrante. Sinceramente, ele sabia como tocar fundo.

Logo que chegamos à casa de sua tia, troquei a calça pesada por uma bermuda. Tudo para espantar o calor... Minto. Na verdade, quis mesmo mostrar meu corpo.

Seguimos a pé em direção ao morro. Iríamos caminhar pela floresta.

— Conhece bem o caminho? — perguntei tremendo de medo.

— Claro que conheço! Eu e o seu irmão vínhamos direto aqui!

Por que Leonardo nunca havia me falado naquele lugar? O que ele e o amigo faziam de tão especial, que ninguém poderia descobrir? Andávamos devagar, apreciando a paisagem. Eu apavorado e ele cheio de entusiasmo. Realmente, o anjo da noite conhecia bem o lugar. De repente, ele pediu pra eu parar.

— Olha pro chão! — disse.

Algumas patas de um animal marcavam o barro seco.

— São de onça — continuou. — Deve ter passado por aqui faz uns dois dias.

Minhas pernas tremeram. Senti o corpo inteiro formigar.

— Vamos voltar, Cláudio!

— Pelo contrário, Felipe! Agora que estamos tão perto, nós vamos até o final!

Continuamos o percurso. Conforme adentrávamos na mata, tudo ia ficando mais escuro. A selva reinava ao nosso redor. Ouvimos ao longe o barulho de água caindo. E quando viramos à esquerda por uma trilha bem estreita, avistei aquela enorme cachoeira. Apesar de não ter presenciado a tragédia, ela se fazia presente. Contudo, não resisti, tirei a bermuda e fiquei só de cueca. Nem pensei no Cláudio, na morte ou na tentação do sexo naquele momento. Queria me divertir.

80

Pulei no lago verde formado pela magnífica queda d'água. Ao longe, os olhos do rapaz pareciam emitir raios de puro desejo.

"A escuridão total insiste em me perseguir. Preciso eliminá-la."

Como ele não se emocionava com o que passara, vendo Bertinho cair penhasco abaixo? Senti-me a própria onça. Teria de devorar aquela presa.

Para piorar a situação, Cláudio também tirou sua roupa, ficando nu. Subiu numa árvore e de lá saltou. Nadei em sua direção. Seria a patada mortal. Meus dentes ficaram à mostra. E o menino Cláudio, em vez de borrar de medo, me abraçou. A pele escorregadia, o carinho daquela mão ora macia, ora áspera. Tudo era diferente. Os rostos cada vez mais próximos. Agora ele era o animal e eu a vítima. Roçando a boca em meu pescoço, aos poucos Cláudio foi tirando minha cueca com as mãos. Flutuávamos na água, coladinhos. Então, num estalo, me afastei imediatamente.

— Até quando vai viver dentro dessa casca, hein, Felipe? Até quando vai continuar mentindo pra si mesmo, garoto? — gritou nervoso.

— Me deixe em paz!

Comecei uma oração que foi interrompida pelo tapa que levei na cara. Enfim, havia recebido a patada mortal. Segurei o choro por alguns segundos. Até que, ele mais uma vez colou seu corpo ao meu. Olhei bem dentro de seus olhos cor de mel. Pura paz. E as lágrimas começaram a cair do seu rosto também.

— Vem comigo! Ainda não acabou. — Cláudio foi firme ao dizer isso.

Seguimos até a pedra branca. E para minha surpresa, lá estavam os dois nomes cravados: Cláudio e Leonardo.

— Como pode gostar de homem e não procurar ajuda?

— Já ouviu falar em instinto? É impossível tirar a carne da onça e obrigá-la a comer apenas folhas. Eu era uma criança,

CINZA SOLIDÃO

não entendia o que estava sentindo. O Léo me acolheu, foi amigo. Todas as vezes que precisava dele, lá estava de prontidão. Defendia todas as minhas ideias. Ria e chorava comigo. Vínhamos sempre a este lugar e brincávamos tardes inteiras. A mata nos abençoava e os animais nos rodeavam, selando esses encontros. Até que um dia, a tragédia aconteceu. Ele preferiu me segurar, a manter agarrado aos braços do Bertinho. Depois disso, e também por causa do meu primeiro trabalho em São Paulo, deixei de vir pra região. Novas amizades eu arrumei por lá. Conheci na noite o meu verdadeiro mundo. Demarquei meu território. E durante todo esse tempo deixei o Leonardo de lado, muitas vezes até das minhas lembranças. Então, a vida resolveu aprontar comigo. E me trouxe de volta ao Vale. Me fez rever valores, cutucar antigas feridas. Só que agora é tarde, Felipe. O destino me separou do seu irmão.

— Mas restou a lembrança, pelo menos. E esse lugar aqui, que é mágico. Sabe, Cláudio, nada vai matar a amizade que sente pelo meu irmão e que tá aí, dentro de ti. Nem meu pai conseguiu quando mentiu pra todos e pra si mesmo dizendo que o Leonardo havia morrido.

Resolvemos voltar. A natureza nos abençoava.

— Sinto saudade do teu irmão, Felipe.

— Eu também, Cláudio! E quanta!

Assim que chegamos à cidade, ainda dei uma volta com ele pelas ruelas do centro e logo parti. Acabei não lhe mostrando a foto.

RELATO 10

TIA ALZIRA

Da janela da sala, pude ver quando os dois apontaram lá no final da rua. Sorriam e brincavam como criança. Pareciam cantarolar uma música.

— A saudade leeeembraaaa... De lembranças tantaaaaas...

Achando que os dois estariam bêbados, saí mais que depressa. Mas era tontura de alegria mesmo. Felipe nem quis entrar e logo se despediu de uma maneira esquisita. Parecia querer manifestar algo. Não sei se era pra mim ou para o meu sobrinho. Aquele abraço apertado que ele me deu foi tão intenso que tive a nítida certeza de que não nos veríamos mais. E afirmo que minha intuição acertou em cheio.

Dessa vez Cláudio não o acompanhou até o ônibus. Jurou vê-lo somente no dia em que partissem para São Paulo. E assim, aquele mês de setembro passou voando, assim como os guarás, que se atreveram na região ao se arremessarem contra o vento, enfeitando de vermelho a densidade verde da selva.

Numa tarde de sábado, Cláudio chegou cantando a mesma música do dia daquela despedida. Tirou do bolso um bolo de dinheiro que havia conseguido com o trabalho suado.

— Acho que já tenho o suficiente, tia. Vou ligar pro Felipe e marcar logo o dia pra gente ir pra capital. Tenho certeza de que vamos encontrar o Léo, onde quer que ele tenha se escondido.

CINZA SOLIDÃO

Aproveitamos a grana e fomos comer churros. Cláudio devorou três em poucos minutos. A ansiedade parecia grande. A avó de Bertinho ficou de boca aberta.

Na volta, meu sobrinho ligou para o irmão de Leonardo. E qual foi a minha surpresa quando ele se despediu:

— Um beijo, Felipe!

Já sabia da condição sexual de Cláudio, e principalmente do apreço pelo Leonardo. Agora não entendia mais nada. Com qual dos dois ele pretendia ter algo? E o Felipe, tão encubado, como aceitou tamanha provocação? Confesso que comecei a ficar tensa. Uma jarra de suco de Carambola já não era mais o suficiente.

As madrugadas se tornaram longas. Achei melhor mudar os cristais de lugar e tacar mais incenso na casa. E foi numa dessas noites angustiantes, após várias tentativas de energização e algumas abocanhadas nos bolos de roda, que Cláudio se abriu pra mim:

— Tia, desde pequeno eu sinto algo diferente pelo Léo. Quando criança achava que tudo isso era a tal amizade de que todos falavam.

— Puro engano, né, fio.

— Sim, tia. Hoje, entendido de todos estes assuntos, às vezes me dá medo de cruzar com meu amigo novamente. Não sei como ele está. Como vive. E mais, bateu um estranho calafrio quando vi o Felipe depois de crescido. Acho que... O que faço tia?

Parei para pensar. Tentava a todo custo entender algo que não compreendia. Eu respeitava aquela capacidade diferente de sentir, porém, aceitar era difícil. Apelei para uma resposta mais simples:

— Deixa que o tempo diga pra você, fio. Talvez, no meio do caminho, você até encontre outra pessoa e...

Um dos cristais brilhou mais forte.

84

Fui até o guarda-roupa e retirei de dentro de uma caixa de sapatos a cópia de uma fotografia velha que dona Dulcinéia havia me dado. Nela, Leonardo brincava de bola com meu marido. E Cláudio abraçava Bertinho. De repente, passei a lembrar de Dulcinéia com carinho. A expert em mousse de banana, casquinhas de siri, aquela mulher meiga que sempre tirava várias cópias das fotografias que tinha, só para distribuir entre as amigas. E foi assim que guardei aquela ali, com tanto amor e saudade. Pensei em entregá-la ao meu sobrinho, mas mudei de ideia. Sabia que um dia a foto estaria nas mãos dele. Entretanto, aquele ainda não era o momento certo.

Voltei a olhar para o cristal que ainda brilhava. E a lembrança voltou para a caixa de sapatos.

RELATO 11

DONA DULCINÉIA

Não foi difícil notar que havia algo de diferente no meu menino mais novo. Só não entendia onde tava o problema, pois Felipe sempre foi calado, diferente do outro que... Que morreu!

Falar em morte não é fácil, mas foi assim que se acometeu. Serafim matou o Leozinho dentro do nosso coração. Tentei relutar, mas meu marido era um homem de Deus, tinha a verdade na ponta da língua. Se eu devia temer alguém além de Jesus nosso salvador, esse alguém era meu marido.

A gente lutou muito para tirar Leonardo daquele trajeto mundano que vinha tendo. E foi nessa época de dor que procuramos a igreja, assim que mudamos. Lá, nos receberam como filho, e na primeira noite de orações eu e o Serafim recebemos o Espírito Santo. Não dá pra descrever a sensação, pois ela é única. Apenas lembro que a gente chorou muito. Pena que meu filho mais velho não pode sentir. Foi um tempo difícil, a gente deixou nossa casa praticamente às pressas lá em Iguape.

— Os maloqueiro tão atrás dele de novo. E nem é da cidade. Diz eles que vão voltá semana que vem e, se não pegarem a grana, vão matar a família toda — disse Serafim, desesperado, assim que entrou pela porta.

— E o que a gente vei fazer, homem de Deus? — Eu preparava um chá, que acabou esfriando.

— A gente vai é largá tudo e partí antes do sol raiá, Dulce.

— E seu emprego na Prefeitura?

— Dane o emprego! A gente não tem o dinheiro que o Leonardo tá deveno pra esses traficante duma figa. O jeito é fugi mesmo, muié!

Felipe escutava tudo e foi pro quarto chorar. Já o Leozinho, fazia dois dias que não aparecia em casa, nem para tomar banho, coisa que adorava, e quando fazia, ficava pelo menos uma hora debaixo do chuveiro.

— E se o Léo sumir de vez?

— Ele que se resolva com os cabra! Não vamo mais sofrê por causa dele, caramba!

Leonardo apareceu, naquela mesma noite. Tava todo sujo. Não quis saber do banheiro nem para urinar.

— Preciso de ajuda, mãe!

— O que aconteceu, meu filho?

— Tem um bicho solto na mata querendo me pegar! - Delirou com as drogas.

Juntamos tudo e nem despedimos da vizinhança. Fomos pro Alto Vale, numa cidade bem na divisa com o Paraná.

— Tenho certeza de que aqui a gente recomeça nossa vida, Dulce. E como o lugar é pequeno, nem droga tem. O Leonardo vai largá de vez essa loucura — disse meu marido esperançoso.

Durante um mês, Leonardo parecia ser outro garoto. A vida mudou. Clarita, a única vizinha que tinha telefone, logo veio fazer amizade. E foi ela quem nos levou na igreja.

— Vocês vão encontrar o Salvador, e tenho certeza de que seu filho não voltará mais pras drogas — disse.

Fomos com meus meninos. Felipe gostava era do macarrão que Clarita levava para comer no intervalo do culto. Já Leonardo se engraçou com uma menina e sumia sempre depois da ação de graças.

— Onde tá o menino, Dulce? — Serafim ficava desesperado.

— Sei não, homem. Vi ele conversando com uma menina. Os dois foram lá pra trás da igreja e até agora não voltaram.

— Bom, melhor ele tá namorano do que fazeno besteira.

Dias depois desse primeiro encontro com nosso Deus, Felipe veio me falar o que Leonardo tava fazendo com a tal menina.

— Ela não é da igreja, mãe. Estava lá na porta, viu o Leonardo e... Os dois foram lá pro lado do rio Turvo pra fumar um beque.

— Beque? Que é isso, menino?

— Maconha, mãe! Maconha!

Contei tudo para o Serafim. Ele nem deixou eu terminar a conversa e saiu com a cinta na mão para pegar o Leozinho. Voltou com o menino todo marcado com os vergões.

— Nem no colégio ele tava ino. Se embrenhou lá pro canto do morro e foi se drogá. Mas agora peguei ele de jeito.

— O pai me bateu na frente de todo mundo, mãe! Esse ordinário!

Serafim meteu um tabefe na cara dele, que correu e foi chorar na cama.

Felipe olhava tudo aquilo assustado. Meu marido passou o resto da tarde orando no templo. Chegou quase de noite e foi direto pro banho. Arrumado e com a Bíblia na mão, ele seguiu pro quarto, pegou o Leonardo pelos braços e saiu com o menino não sei pra onde. Fiquei horas esperando a volta dos dois. Pensei que ele havia levado o menino pra igreja e obrigado o mesmo a orar sem parar.

Serafim voltou tarde e sem o Leozinho.

— Onde tá ele?

— Tá morto! Morto, entendeste?

— Como assim, morto? O que cê fez com nosso filho, Serafim?

— Foi-se embora da cidade. Daqui umas semana a gente vai dizê pra todos que ele morreu tentando o mundão afora. Ninguém vai ter mais notícia desse sujeito.

Ajoelhei imediatamente e comecei a oração. Eu precisava entender a fúria do meu marido. E saber que fim teria meu filho Leonardo.

Um tanto mais calma, diante da verdade, pedi para que Serafim explicasse como ele havia mandado o Leonardo embora.

— Joguei o peste dentro do caminhão e subi com ele até a BR. Chegando lá, tirei ele com força da caçamba e disse que a estrada da morte agora era seu caminho. Ainda avistei ele sumino na primeira curva. Chorava mais que eu. Só que não tive saída, Dulce. O Leonardo agora tá é morto na nossa vida.

— Mas o que eu vou falar lá na igreja quando alguém perguntar?

— O que eu disse a ocê, muié? Diga que ele sumiu e que tivemo a notícia de que o cabra morreu lá pelas bandas de Sum Paulo ou Curitiba que é mais perto. Agora me deixa em paz que quero dormir. Felipe escutava tudo do canto da sala. Assim que Serafim foi para o quarto, abracei meu filho mais novo e implorei glória por mais um drama na minha vida.

— Vou atrás do meu irmão!

— Não faça isso, Felipe! Seu pai não vai aceitar!

— Ou vocês me deixam ir atrás dele ou eu conto a verdade antes mesmo de você mentir pros vizinhos, falando que o Léo morreu.

Felipe correu pro quintal. Resolvi não ir atrás. Sabia que ele voltaria. Agora, e o Leozinho, o que aconteceu com ele?

Já na cama, pude escutar o choro contido do meu marido. Pensei em perguntar alguma coisa pra tentar reverter aquele estado, mas não tive coragem. Ele era o homem da casa. E acima dele só tinha Deus, nosso Senhor. Em qual dos dois apegar naquele momento? Não tive dúvida, deixei Deus de lado e abracei meu marido.

RELATO 12

SERAFIM

Eu disse pra Dulce que, se o mais novo tamém tivesse metido nas droga, eu não ia pensar duas vez em acabar com a vida dele, assim como fiz com o outro.

— Você não teria coragem!

— Não me desafie, muié! O homem da casa aqui é eu!

Dulce continuou no esfrega da louça. Eu liguei o rádio pra vê notícia, orando pra alguém tê encontrado o Leonardo, mesmo que fosse morto na estrada.

Por falá em notícia, naquela semana chegou uma carta. Era do meu irmão de Marília. Viria se achegá uns dias aqui em casa.

Quando Marco apontou no portão, foi uma festa só. A gente fez até um churrasco pra comemorar. Mais novo dos sete, Marcos sempre foi meio calado. Mas nada que um bom churrasco pra ele resolver proseá:

— Onde tá o Leonardo?

— Nem te conto irmão! Se meteu com droga lá em Iguape e tivemo que sair de lá correndo. Viemo pra cá, no fim desse mundo, e o cabra continuou com as droga. Não deu muito tempo e ele foi simbora da cidade. Pegou as trouxa e nem se tocamo quando ele partiu. Só ficamo sabendo dia desses que ele havia sido enterrado com indigente.

— O Leonardo morreu?

— Sim. Mas foi melhor assim, sabe! Ele tava era colocando todo mundo de cabelo em pé.

— Entendo você, Serafim. Lá em Marília teve um caso parecido. Mas o menino nem precisou sair da cidade pra morrer. Foi encontrado dependurado numa árvore. Enforcamento.

— Ele se matou?

— Não se sabe. Ou se matou, ou enforcaram o peste.

Deixei a Bíblia cair.

— Vem cá, Serafim! Você agora é um homem de Deus?

— Sim! Eu, minha muié. E o Felipe também.

— Já dizia o ditado: Ou se chega até ele no amor ou na dor.

— Precisamo foi da dor mesmo pra poder sentir o Espírito Santo, Marcos.

A prosa continuou por mais um bom tempo. Da cadeira onde eu tava sentado vi que Dulce chorava rente ao portão. Era um choro desses que se engole, pra Marcos não perceber.

Quando meu irmão foi simbora, dois dias depois apareceu um amigo de Leonardo. Pensei ser algum bandido. Mas descobri depois que era sobrinho da Alzira lá de Iguape.

Esse tal Cláudio se lambuzou muito com o Leonardo na infância. Agora era um homem formado, mas meio estranho. Aquele jeito dele meio desmunhecado vinha desde moleque. Eu sempre comentei isso com a Dulce. Até pedia pra que o Leonardo não brincasse muito com ele, pois poderia... Cê sabe, né!

Logo que ele adentrou em casa eu já fui falando:

— O Leonardo morreu lá em São Paulo!

A cara dele ficou branca queném as parede da igreja. Pediu água. Seu beiço secou de repente. Achei que o menino teria um troço.

CINZA SOLIDÃO

Naquele dia a Bíblia não se espichou da minha mão. Acho que Deus entendeu meu recado. Precisava mesmo de tê matado Leonardo na vida da gente. Ou ele iria fazê algum estrago pior.

Certa tarde, Felipe veio proseá comigo.

— Pai! Queria muito encontrar o Leonardo!

— Nem se atreva, hein, menino! Senão aquele peste vai querê é voltá pra cá e ocê sabe que pode acabá em coisa pior. É melhor ele ficá onde tá mesmo. Deixa que ele cuida da própria vida. Só assim vai aprendê.

Depois daquela nossa prosa, Felipe ficou estranho. Recebeu várias ligação. Clarita vinha direto em casa chamar o pirralho pra atende o telefone. Até que o pus contra a parede

— Quem te telefona tanto?

— O Cláudio. Ele tem vontade de vim visitar a gente de novo qualquer dia com a tia dele.

— E o que ocê tem dito?

— Ah, pai! Dou algumas desculpas. Falei até que ficaria chato a Alzira vir até aqui. O senhor sabe como ela é tagarela. Ela vai perguntar tanto do Leonardo que o senhor não vai conseguir mentir. E outra, ela mexe com essas coisas de energia sabe.

— E quem disse que tô mentindo, Felipe? O Leonardo tá morto! Morto cá em nossa vida!

Pedi pra que ele desse um basta naqueles telefone e fui pro culto com Dulce. Realmente ele parou de recebê ligação. Até que, certo dia, Clarita voltou a chamá pelo nosso menino no portão.

— Quem é dessa vez, Clarita? — perguntei.

— Uma tal de Laura.

Felipe entrou na sala e completou: — Conheci ela dia desses e... Tá rolando algo entre a gente, pai.

— Que notícia boa! Ela é da igreja, fio?

— Não pai! Ela é de outra cidade e... Espírita!

Só me faltava mais essa! Bom, dependendo da menina, não seria tão difícil convertê pro nosso lado. Melhor ela do que o tal do Cláudio ligando pro meu filho.

— Pede pra guria vim conhecê a gente! — Mandei.

— Sim, pai. Assim que ela tiver uma folga ela virá até aqui. E eu também irei até São Paulo pra conhecer sua família. Ah, me parece que a mãe dela é evangélica. O senhor vai gostar.

Senti que Felipe tava era mentindo. Mas finalizei a conversa:

— Ainda bem, fio. Uma a menos pra gente mostrá a Palavra.

Com um sorriso pacato, Felipe foi se achegar no quarto. Clarita, a vizinha do telefone, aproveitou e tomou um café da tarde com a gente. Aliás, toda vez que Clarita punha o pé em casa, abusava da mesa pra saboreá tudo que era possível. Eu tava feliz com aquela nova rotina. Precisava mesmo daquilo pra tirá o Leonardo de vez da minha cabeça.

RELATO 13

CLÁUDIO

Durante todo o tempo em que estive longe de Felipe, senti uma imensa saudade. Entretanto, resisti com garra. Passei a sair durante as noites, sempre sozinho, procurando por um fetiche.

Numa das minhas investidas, em meio a uma neblina fora de época, um rosto conhecido na cidade pelas manobras radicais em cima das pranchas e pela brutalidade das brigas causadas no verão, cruzou meu caminho. Logo que me viu, o garoto parou na esquina rente a entrada da Basílica. Atento ao pequeno movimento de jovens que transitavam na noite, ele preferiu olhar para as garotinhas. Mas logo a galera se dispersou, o surfista veio ao meu encontro.

— Andando sozinho? Querendo apanhar, é?

Fingi não ter ouvido. Estava era com medo.

— Se não quiser apanhar é só fazer tudo direitinho e seguir na direção da mata.

Agora excitado, fiz o que ele mandou. Andei por alguns minutos e nada dele atrás de mim. Até que, como num passe de mágica, o rapaz apontou na entrada de um casarão abandonado. Com a calça desabotoada, o zíper aberto e a mão apertando o volume por dentro da cueca branca, ele sugeriu:

— Que tal a gente dar uma voltinha perto da construção da ponte?

Fomos para o canto do morro, rente à Caverna do Ódio, bem ao lado do que seria a futura ligação entre Iguape e Ilha Comprida. Não me atrevi em adentrar na mata fechada, pois a noite escura, sem lua e com aquela neblina, poderia se tornar perigosa e até fatal.

Diante daquela imensidão da natureza, o surfista mostrou não ser tão bruto assim como diziam.

Na volta para casa, lembrei-me de Lélio, a "mona" que carregava as fotos de seus namoradinhos. E de uma frase sua:

— Quando um cara tiver com você alguma atitude violenta, seja ela física ou verbal, por causa da sua feminilidade, não fique com medo. Por trás da raiva com certeza ele esconde a vontade de experimentar o diferente. E mesmo se você levar bordoada, o bom é sorrir e aceitar com naturalidade. Sempre vale a pena ser a vagabunda, a biscate.

*

São Paulo, ano de 1987.

Eu terminava o segundo grau num colégio da periferia da zona sul, onde o lema era ser malandro. Caso contrário, a morte poderia caminhar ao nosso lado.

Na mesma sala em que eu estudava, tinha um rapaz franzino, o Anderson, totalmente delicado e de um carisma único.

Outro que sentava perto da gente, o garanhão da escola, se chamava Célio, um skatista musculoso, lindo. Esse tinha um charme que derrubava qualquer um no chão.

Eu e o Anderson conversávamos muito sobre o futuro, o pavor de ficar sozinho na vida e outras coisas mais. Evitávamos também de andar sem ninguém ao nosso lado, pois poderíamos apanhar de bobeira. Principalmente ele, por ser efeminado demais. Até que, certo dia, Anderson resolveu me contar uma novidade:

— *Tô apaixonado pelo Célio.*

CINZA SOLIDÃO

— Você tá louco, Anderson? Ele vai é acabar com a sua vida!

Eu queria evitar o pior, pois o Célio tinha fama de deixar alguns caras com o rosto desfigurado. E para piorar, ele sempre se desfazia do pobrezinho do Anderson dentro ou fora da sala de aula. Passou a sentar longe dele durante as lições, no barzinho deixava cerveja no copo e se retirava, caso o Anderson aparecesse por ali. Isso quando não quebrava uma garrafa no balcão, só para provar sua masculinidade.

Mas meu amigo não desistiu. Até que o cara ficou sabendo da verdade. E quebrou várias garrafas na intenção de rasgar a cara dele. Por sorte, naquele dia Anderson saiu ileso. Mas Célio, na primeira oportunidade, procurou a diretoria:

— Quero mudar de sala! Até de colégio se for preciso! Ou arrebento aquela bicha!

Anderson ganhou uma suspensão. Devido aos absurdos que Célio inventou, o coitado ficou três dias sem ir à escola. Quando retornou, estava mais magro, abatido e chorava demais. Até a cantina, onde gastava todo seu salário, o menino parou de frequentar.

Foi então que o inesperado aconteceu. Certa noite, ainda com o professor de filosofia sonhando, eu ouvi da própria boca do Célio que os camaradas pegariam um viado e o socariam até desfalecê-lo.

Por azar, ninguém quis ir embora comigo. Senti que a presa seria eu ou o Anderson. Procurei por ele pelo colégio e também lá no bar, mas não o encontrei em lugar algum. Muito menos o Célio. Pensei comigo: algo de ruim o bad boy está armando pra cima do meu amigo. O que fazer? Procurei o diretor.

— Por favor! Faça alguma coisa!

— Fora dos muros da escola não dá pra se fazer nada, Cláudio. E outra, a bichinha foi quem escolheu. Agora, que apanhe pra ficar esperta.

Saí correndo pelas ruas escuras procurando lugares mais seguros, até pra me safar de algum "pega". De repente, deparei-me com o fusca azul do Célio estacionado próximo a um posto de gasolina desativado. Passei rente ao carro. E para minha surpresa, ele e o Anderson conversavam como dois grandes amigos.

Hoje eles moram juntos. Compraram um apartamento e o fusca foi trocado por um gol zero quilômetro. Anderson, que sempre gostou de fazer esculturas com material reciclado, moldou uma de garrafas quebradas e pôs no canto da sala, tudo em homenagem ao noivo. Vivem felizes.

Outra vez teve um motoqueiro que resolveu acabar com a minha reputação. Falava pra todos que andar comigo era como andar com o pior dos traficantes da região. Pra ele eu não prestava mesmo. Até que um dia, outro amigo meu que mexia com moda acabou cruzando comigo e o motoqueiro numa festa e me contou a novidade:

— Esse rapaz aí é muito devagar na cama.

Fiz uma proposta a ele:

— Aceita revelar pra todos aqui do baile?

Ele fez que sim com a cabeça. Foi até o microfone, tomou o lugar do vocalista da banda e soltou:

— Respeitável público: quero informar a todos sobre o péssimo romance que tive com o nosso amiguinho ali. — E apontou para o selvagem da motocicleta. — Ele é lento, manhoso, e ainda por cima virou de costas e disse: adoro travesseiros!

Os pais do motoqueiro, conservadores e frios, quase desmaiaram. Dei altas gargalhadas. Não havia mesmo outra coisa a fazer.

— Você agiu errado! — respondeu minha tia, depois de eu ter contado essa mesma história pra ela.

— Por que as pessoas tapam os olhos pra realidade, tia?

— Medo, fio. Medo do que possa acontecer, do que os outros possam falar. Agora, o próprio tempo se encarrega de revelar a verdade pra esse mundo de Deus. Você foi injusto em fazer aquilo com o tal motoqueiro. De repente, ele poderia estar

CINZA SOLIDÃO

sentindo algo diferente por você, Cláudio. Por isso te odiava tanto. E o que você fez só lhe causou repulsa.

Tia Alzira tinha razão. A verdade não marca hora. Simplesmente chega.

*

Pela décima vez desfiz as malas e as refiz novamente. Estava tenso. Sabia que, dentro de poucos dias, poderia ficar frente a frente com meu grande amigo de infância.

O tempo foi lento. Muitas outras histórias vieram na minha cabeça. Tentava a todo custo esquecê-las, pois tudo era passado. O que importava mesmo era o futuro incerto que tinha.

Com muito custo, o dia chegou. Liguei para o Felipe e marcamos de nos encontrar na rodoviária de Registro. De lá, pegaríamos o próximo ônibus para a capital paulista.

Apreciei a paisagem da Praça Beira Rio durante um bom tempo antes de subir a ladeira até o terminal. Que bom seria se todos pudessem dar valor ao que está a sua volta.

Encontrei com Felipe perto de um telefone público. O abraço foi demorado. Procuramos conversar o mínimo possível sobre outras coisas que não fosse o Leonardo.

— O que disse à sua mãe?

— Nada.

— E ao seu pai, Felipe?

— Que iria até o interior na casa de meus tios.

— Mas que família mentirosa mesmo vocês são, hein!

Ri com a brincadeira. Ele ficou sério.

Mostramos as passagens ao fiscal e embarcamos. Felipe as guardou no bolso de sua calça amassada.

— A dona Dulcinéia, em vez de ficar acatando as barbaridades ditas pelo seu pai, por que não passa suas roupas direito? — brinquei mais uma vez.

— Cala a sua boca, Cláudio!

Aceitei suas ordens. Gostava daquilo.

Conforme o ônibus seguia pela estrada, eu senti o ar apertar meus tímpanos. Aproveitei para relaxar. Então, do nada, uma pergunta surgiu em minha mente:

"Onde será que Felipe arranja tanto dinheiro?"

Depois de algumas horas, a menina corrompida, violenta e violada surgiu no horizonte. Sorri para ela. E tentei mais uma vez entender a tonalidade do cinza solidão que a acompanhava.

RELATO 14

ODETE

Desde que o Dinho se embrenhou pra casa da minha irmã Alzira, digo que não toquei no telefone nenhum dia. Não queria para saber sobre ele. Era melhor que ele ficasse por lá. Só assim eu poderia curtir melhor meu marido.

Mas teve um dia que senti a presença do meu filho, muito forte. Foi num domingo desses qualquer. Eu tava na cozinha fazendo uns bolinhos de queijo que o Juarez adorava, quando tive uma intuição: meu filho tá próximo. Deixei o prato cair no chão, tamanho foi o desespero. Eu sabia que, se Dinho voltasse, seria briga na certa.

Corri até a sala para tirar o bocal do telefone do gancho. Não queria nem ouvir o toque. Mas no exato momento em que ia puxar o cabo, ele disparou. Não queria atender.

— Alô?

— Por favor, dona Odete Ramos Costa?

— É ela!

— Aqui é da Central de Recuperação de Crédito do Banco...

Desliguei na cara da moça e tirei a tomada de vez. Cobrança por cobrança, eu tava era abarrotada de boleto atrasado.

Na mesma noite, antes do Juarez chegar do serviço, eu tomei um belo banho e incrementei o jantar dele com uma dobradinha, pão francês cortado em cubo e uma salada vinagrete. Além, é claro, do seu suco favorito: o de melancia com água de coco.

Quando ele entrou e sentiu o cheirinho do bucho e do perfume novo que passei no meu cangote, quis me levar direto pro quarto. Juarez dizia que sexo era bom antes da janta, pois ficava com mais fome. Eu me segurei e não permiti que ele avançasse. Parei diante da pia, peguei o pano de prato e, secando o restinho da louça fui direto ao assunto:

— Escuta, coração! Faz tempo que não vejo meu filho e... E se o Dinho aparecesse aqui casa?

— Ou ele ou eu, Odete! Você sabe muito bem disso — respondeu secamente, antes de colocar um pedaço de pão na boca e mastigar com fúria.

Continuei secando os copos sem nada dizer.

— Desembucha, Odete! Seu filho voltô?

Deixei um copo escorregar pela minha mão. Por sorte o mesmo não quebrou na pia.

— Para de me chamar de Odete! Porra! — Fui acalmando aos poucos. - Acho que não, Juarez.

Ele colocou mais um pedaço de pão na boca. Talvez não quisesse mais o nosso sexo. Quase que engasgando, soltou:

— Quem acha não sente.

— Foi apenas intuição minha.

— Coisa de dondoca, né, Odete! A pessoa quando não ocupa com nada, fica colocano merda na cabeça.

A gente jantou calado. Fiquei chateada, mas não com o fato dele não aceitar meu filho. Juarez me trocou pela comida.

Após deixar a mesa limpa, meu homem foi para o banho contrariando meu pedido:

— Homem do céu! Comer e ir direto se lavar pode dar congestão!

CINZA SOLIDÃO

— Quem disse isso? — gritou ele já de dentro do banheiro.

— Minha mãe sempre falava! Teve uma vez que uma mulher grávida fez isso e morreu ela e o filho.

— Deve tê acontecido porque ela tava grávida. Comigo é diferente. Sou homem.

Juarez saiu do banho sério e nem me sorriu antes de ir pra cama dormir. Nem televisão quis assistir. Acompanhei meu macho achando que poderia rolar algo, mas ele virou de lado e roncou como um porco.

Dinho mais uma vez tava atrapalhando nosso relacionamento, mesmo sem querer. Foi só tocar no seu nome para que o Juarez ficasse daquele jeito. Como eu sempre gritei: Meu filho era uma zica mesmo!

Certa vez, uma vizinha cartomante disse a mim numa consulta que o Juarez e o Dinho foram inimigos na vida passada, e disputaram meu amor. O ódio dos dois passou para essa, então. Acreditando ou não, levantei pensando no assunto e fui pra sala ver uma minissérie. Acabei dormindo no sofá. Acordei de madrugada. Tava muito frio e hesitei em voltar pra cama.

Juarez dormia. Abracei meu macho pra me esquentar. Precisava aquecer o pobre do gelo daquela situação toda. Não queria ver ele ir embora por causa de um filho que fora fruto de um casamento falido e de um homem que havia me abandonado. Confesso por mais uma vez: o Juarez ao meu filho naquela casa.

RELATO 15

CLÁUDIO

Assim que chegamos à rodoviária, ainda com aquela pergunta martelando em minha cabeça, fui direto comprar o bilhete do metrô. Nosso objetivo era o centro velho. Lá, talvez fosse fácil achar uma pensão.

Eis que, sem mais sem menos, Felipe me deixou plantado na fila. Rapidamente sumiu numa das escadas rolantes e se dirigiu até a avenida. Fui atrás.

Parado em frente a um ponto, o garoto acenou com a mão para um coletivo.

— Onde você pensa que vai? — gritei de longe.

— Vem comigo!

Pegamos um ônibus ali mesmo. O transporte, por incrível que pareça, estava vazio.

Após uma série de baldeações, desembarcamos na Lapa, próximo à estação de trem. Andamos algumas quadras e vi quando Felipe sorriu ao avistar um sobrado antigo, de um alaranjado todo manchado por parte de uma trepadeira que teria sido arrancada há pouco tempo. Realmente o lugar precisava de uma boa reforma.

Ele apertou a campainha. Pude notar, então, sua mão magnífica de dedos compridos (dizem que dá para medir o dote de um homem pelo tamanho das mãos e dos pés. Puro engano).

103

CINZA SOLIDÃO

Alguém que estava dentro da casa afastou a cortina e olhou pela janela. Uma bela menina de sorriso largo correu pelo quintal. Enquanto seus cabelos cacheados esvoaçavam de encontro àquela brisa, a moça gritava de felicidade. Era a Laura, o muro que se pôs diante de mim e de Felipe, mas que tempos depois se tornaria minha melhor amiga.

O abraço dos dois foi demorado. Felipe, todo suado, e ela querendo sentir ainda mais aquela pele.

Ao entrarmos, logo avistei uma mesa ajeitada com pratos, copos e talheres.

— Pensei que não viriam mais — comentou Laura.

— Então você já estava nos esperando! — eu disse surpreso.

— Claro que sim, Cláudio! E eu louquinha pra te conhecer. O Felipe, toda vez que fala comigo pelo telefone, menciona seu nome. Fiquei surpresa, né. Vou te dizer uma coisa: Gostei! Você é mais simpático e bonito do que eu pensava.

Antes de sentarmos para devorar o almoço que cheirava bem, subimos até o quarto onde iríamos ficar alojados. Um guarda-roupa velho de mogno era a peça mais interessante do ambiente. As três camas de solteiro, todas simples, tinham uma arrumação impecável.

— Quem se deu o trabalho de fazer isso, Laura? — Felipe estava maravilhado.

— Minha mãe. Ela já trabalhou em vários hotéis de luxo aqui da cidade. Daí é assim, chega visita em casa, ela faz questão de arrumar as camas.

— E cadê ela? — perguntei, querendo conhecer a tal artista.

— Na cozinha, preparando o almoço pra gente. Ela é toda tímida, vocês vão ver.

Fomos conhecer os outros cômodos. Laura fez questão. A casa era enorme. O teto dos quartos e do corredor do andar de cima era todo feito de forro de cedro e pintado com um branco já um tanto sujo. Nas paredes de todos os ambientes do piso superior havia também espelhos antigos. Acho que a mãe de Laura devia ter sido vaidosa quando tinha seus vinte e poucos anos.

— Este sobrado foi tudo que meu pai deixou quando morreu. Minha mãe recebe ainda uma pensão. É assim que vamos levando a vida e, quando posso, te ajudo, meu amorzinho. — Laura beliscou de leve uma das bochechas de Felipe. Havia achado a resposta para uma dúvida que martelava minha cabeça. Laura bancava as viagens do menino. Menos mal, pois eu tinha achado que lá no Vale o Felipe se virava de maneira ilícita.

— A comida tá pronta! — A mãe da Laura gritou lá de baixo.

Largamos as mochilas e descemos.

Na mesa, frango com quiabo, arroz integral e sala de alface com tomates. Tudo ajeitadinho, como num enfeite.

— Nunca trabalhei na cozinha do hotel. Mas aprendi vendo.

Os olhos da dona Júlia brilhavam. Obesa, também de cabelos negros e cacheados, a mãe de Laura foi quem me mostrou os verdadeiros motivos para uma vida simples e feliz.

De volta à sala, arrotando aqueles programas sensacionalistas da TV, onde bunda com silicone vale mais que obra de arte, Laura aproveitou para entrar no assunto do Leonardo, principalmente porque notou que sua mãe ainda estava na cozinha lavando a louça.

— Gente! Vamos fazer o seguinte: vocês descansam hoje, pois ninguém merece uma viagem dessas, mas amanhã, logo cedo, iremos à procura do seu irmão.

Felipe se voltou para mim:

— O Cláudio é outro que também precisa encontrar o Leonardo, Laura. Faz anos que os dois não se veem.

Eu fiquei sem jeito na hora e tentei disfarçar:

CINZA SOLIDÃO

— Fomos grandes amigos, sabe.

Ela se tocou que eu o amava.

À noite, depois de um gostoso chá antes de dormir, Laura veio ao meu encontro enquanto Felipe tomava seu banho. Segurando firme uma de minhas mãos ela soltou:

— Pode ficar sossegado, Cláudio. Farei de tudo pra que você o encontre.

Fomos para nossos respectivos quartos. Desacostumado com a cama, acordei por diversas vezes na madrugada. E numa das ocasiões, notei que Felipe não estava ali. Passei um bom tempo sentado. Até que ouvi passos rangendo o assoalho. Imediatamente encostei minha cabeça no travesseiro e fingi que dormia. Com os olhos semicerrados, vi quando ele deitou. Daquele jeito permaneci sem reclamar de nada. Afinal, teríamos um longo dia pela frente.

RELATO 16

LAURA

Adorei o Cláudio desde o instante em que o avistei pela janela da sala. Sua delicadeza, aquele jeito contagiante e o eterno brilho nos olhos, tudo vinha da alma, pincelada com a simplicidade e a sinceridade que sempre fizeram dele o ser especial que é.

Depois de ouvir a sua história de vida, fiquei ainda mais entusiasmada em querer encontrar o irmão de Felipe e entregá-lo ao meu mais novo amigo. Assim, também evitaria dos dois, o Cláudio e o Felipe, de se aproximarem perigosamente.

Essa desconfiança eu tive logo no primeiro jantar. Depois da reza obrigatória feita pela minha mãe, começamos a nos servir. Na troca da concha de uma mão para outra para pegar o frango ensopado, notei os olhares dos dois se cruzando. E mais tarde, enquanto dobrava e guardava as roupas, Cláudio observava, através do espelho, o jeitão do Felipe que, deitado só de bermuda na cama, mostrava suas belas pernas.

Naquela madrugada, Felipe veio me procurar. Não houve nem um beijo sequer. Ficamos um bom tempo conversando sobre o Leonardo até, o meu amor retornar para seu quarto.

No dia seguinte levantamos animados e fomos direto à delegacia mais próxima.

Chegando lá fizemos a ocorrência e os policiais nos pediram uma foto. Ainda bem que Felipe trouxera uma. E qual foi a minha surpresa no exato momento em que Cláudio a

CINZA SOLIDÃO

pegou para ver. Seu rosto ficou pálido e por alguns instantes ele até perdeu a fala.

— O que aconteceu, Cláudio? — perguntei, então.

— Na... Nada.

— Felipe? Você ainda não tinha mostrado essa foto recente do Léo pra ele?

— Nem havia me tocado quanto a isso, Laura.

Claro que havia pensado! Mas por causa de um ciúme contido, resolveu deixá-la bem guardadinha.

O inspetor que pediu a foto, foi até uma sala e minutos depois veio até nós.

— Ficarei com ela e vou me comunicar com todas as delegacias enviando os dados e a imagem do rapaz. Há quanto tempo ele está desaparecido?

— Não sei bem ao certo. É que ele quase nem parava mais em casa — respondeu Felipe.

— Seria bom que os três usassem também outros meios para o encontrar.

— Quais? — indagamos em total sinfonia.

— Hospital, IML...

O policial se mostrou bastante atencioso. Montou no computador um cartaz contendo a foto de Leonardo e alguns dados sobre ele. Parece não ter gostado muito de Cláudio. Durante todo o tempo que estivemos ali o guarda o olhou com desprezo.

— Nem era pra eu fazer esse favor, mas tá aqui — finalizou o policial, nos entregando algumas cópias do cartaz.

Da delegacia saímos para xerocar ainda mais a ampliação e deixá-la em pontos estratégicos. Levamos mais de dois dias para realizar todo o trabalho.

Cláudio, a cada rua que andava, parecia se lembrar do passado glorioso que teve na cidade grande. Era nítido o clima de nostalgia em seu semblante. Apesar da alegria em reviver grandes momentos de sua vida, o garoto permanecia calado. Eu tinha certeza de que ele escondia alguma verdade.

Deixamos cartazes em vários hospitais também. Num deles, vi quando uma enfermeira empurrou com brutalidade um paciente que estava na cadeira de rodas. Fui reclamar com ela:

— Tenha mais cuidado com os doentes!

— Esse povo tem o que merece! — respondeu, sumindo num daqueles corredores gelados.

Naquela mesma tarde, nem bem acabamos de abrir o portão de casa e minha mãe veio entregar um recado para mim. Era da delegacia.

Corremos imediatamente para lá. Eu alegre e sorridente, Felipe chorando de tanta felicidade e Cláudio, pálido e apavorado.

— Encontramos o garoto. Está preso provisoriamente numa outra unidade aqui perto.

Pegamos o endereço e nos dirigimos até o lugar. No portão daquele local sombrio demos a mão e festejamos a rápida vitória. Passamos por duas viaturas quebradas que estavam juntas num canto e, depois de algumas grades abertas, esperamos no que poderia ser uma recepção. A vistoria foi rápida e simples. Logo nos dirigimos até as celas que, por incrível que pareça, estavam lotadas.

— Houve um princípio de tumulto, então a galera tá meio revoltada — explicou o carcereiro.

Indivíduos de todos os tipos gritavam barbaridades, faziam gestos obscenos com aquelas mãos muitas vezes inchadas ou cortadas. O lugar fedia suor e chulé. Era horrível!

Paramos em frente à última das quatro carceragens. Lá estavam detidos nove rapazes. Os sete que permaneciam em pé comentavam sobre assassinatos. Um oitavo se encontrava sentado no chão lendo alguma coisa. Lá no canto, numa cama feita de alvenaria, o nono homem olhava para o teto,

CINZA SOLIDÃO

talvez pensando na vida. Mas assim que nos viu levantou imediatamente:

— Felipão, mano! — E o irmão de Felipe correu até as grades e estendeu os braços.

— Vai lá você também, Cláudio! — implorei.

O moço continuou ali, parado feito uma múmia. Seus olhos não refletiam mais aquele brilho, e sim medo. O mesmo pavor que teve quando viu aquela foto.

RELATO 17

CLÁUDIO

Aqueles cabelos loiros, agora não mais encaracolados, e os olhos azuis. Não havia dúvidas. Leonardo era o garoto que havia levado todo o meu dinheiro no dia em que saí daquele banco.

Felipe, depois de abraçar o irmão por entre as grades, apresentou-o a Laura.

— Esta é minha namorada, Léo.

— Prazer! E vê se cuida bem do meu mano! Morô?

Ainda emocionado, Felipe deu espaço para que Leonardo também me visse.

— Aquele ali é o Cláudio, Leonardo. Sobrinho da dona Alzira lá de Iguape.

Os olhos de Leonardo me mediram de cima a baixo. Ele prestava bastante atenção, estava me reconhecendo. Até que começou a gritar:

— Maldito! Maldito! Tô preso por sua causa! Filho da puta! Maldito!

Virei-me de costas e escorei a testa na parede.

— Pare de falar bobeira, Léo! Esse aqui é o Cláudio, cara! Seu amigo de infância! — Felipe tentava, em vão, acalmá-lo.

— Filho da Puta! Maldito! — Leonardo insistia nos palavrões.

CINZA SOLIDÃO

Abandonei aquele corredor imundo e, com a ajuda de um carcereiro, fui chorar na recepção. Minutos depois Laura e Felipe chegaram, tentando me consolar.

— O que está acontecendo, afinal? — ela estava inconformada.

— Ele foi o rapaz que me assaltou antes de eu ir embora pra Iguape, assim que perdi meu emprego. E pelo jeito, deve estar preso porque a polícia o pegou depois do roubo.

— Você o denunciou? — Felipe estava surpreso

— Não, não denunciei. Mas lembro que algumas pessoas assistiram o roubo. E logo depois vi quando uma viatura passou pela avenida a mil por hora. Acho que pegaram ele na ocasião e...

O jeito era ir embora dali. Afinal, depois do bombardeio, o cansaço era inevitável.

No espaço de tempo até a casa de Laura, Felipe me olhava constantemente, às vezes com dó, outras com raiva. Por incrível que pareça, o trânsito estava tranquilo. Até que o ônibus parou bruscamente e depois foi seguindo devagar por causa de uma batida a nossa frente.

— Minha mãe diz que existem coincidências na vida — mencionou Laura, olhando para dois carros idênticos que haviam se colidido, inclusive marca e cor.

— Não vejo isso como uma coincidência, Laura. Foi providência mesmo, e Divina. Um encontro marcado, vindo lá do céu, todinho pra gente — respondeu Felipe, pensativo.

— Eu acredito em resgates — relutei.

Aquela minha frase foi a deixa para que Felipe levantasse e sentasse em outro banco. Laura tentou ir atrás, mas eu impedi a aproximação dos dois dessa vez.

— Não, Laura. Deixe-o ficar sozinho. Deve estar magoado comigo.

— Você falou em outras vidas e ele...

— Fica sossegada que não foi isso que fez ele se levantar daqui. Já venho atrapalhando a vida dos dois faz algum tempo. Aliás, desde que me conheço por gente.

— Agora sou eu que digo pra você não se culpar Cláudio. Amar faz parte da vida! E é tão gostoso, cara!

Chegamos apressados na sua casa. Parecia que ainda tínhamos muitas coisas a fazer.

Depois da janta, já no quarto e sem a presença da namorada, Felipe me abraçou e choramos bastante.

— Você agora vai me pedir desculpas pelo que fez ao meu irmão! — mandou com aquela voz firme.

Não respondi. Apenas o abracei mais forte.

Por um instante a feição de Leonardo veio na minha mente. Tentei imaginar algo diferente, ele sorrindo talvez, feliz por ter me encontrado, mas o ódio prevaleceu. E aqueles gritos horrorosos na cadeia se tornaram reais ali no quarto. Ainda bem que tinha o Felipe para me abraçar. Sim, porque o destino mais uma vez havia aprontado comigo.

RELATO 18

LEONARDO

Fitei a cara do **X–9** quando meu *truta* apontou na direção dele! Filho da puta! Quisera eu, no dia do assalto, ter reconhecido a *bichinha* lá dos tempos de Iguape. Se tivesse distinguido, com droga na veia, ele teria era beijado o chão, mesmo se não reagisse.

No dia em que o abordei, confesso que tive grande vontade de meter-lhe *uns pipoco*. Muito delicado, pedindo pelo amor de Deus. Sua sorte foi que a grana era bastante, e meu pensamento maior só era pegar as notas e comprar *uns pino* durante o resto da semana.

Lembro que larguei o *veadinho* lá na avenida e corri pra uma rua menor, tipo uma subida. Tá ligado? Por azar, uns *gambé* passava pelo local e vendo meu desespero, mandou eu parar. Reagi à voz de prisão e fui baleado na perna.

Depois de alguns dias comendo uma enfermeira gostosa num hospital feito pra búfalo pastar, me levaram pra cadeia aqui perto da estação, pois *falaro* que a detenção em Pinheiros *tava* lotada. Menti o suficiente pra que os caras não entrassem em contato com a minha família lá no Alto Vale. Pros meus pais eu *tava* era com a boca cheia de formiga mesmo. Lembro direitinho do meu velho dizendo isso no dia em que me expulsou de casa.

Nessa data, depois de chorar muito pela estrada, consegui um carro numa *abordage* e segui rumo a São Paulo.

Já na marginal, o marginal aqui largou o carango na via expressa. Desapareci depois pelas ruas fedidas da Lapa pra não deixar pistas. Sem rumo, entrava nos **busão**, passava por debaixo das roletas e de vez em quando olhava pra uns passageiros. Dava vontade de assaltar. Começar o pavor ali mesmo. Mas sem a maldita da **coca**, meu corpo já doía. Até que numa dessas aventuras conheci uma mina que morava numa favela, **pelos lado** da Brasilândia, parada maneira, comunidade **das boa**. Tive um caso com a garotinha durante um mês. **Trepamos** bastante. A danada tinha um fogo cruel. O barraco tremia.

Certa noite, saí pra fazer um assalto e, quando voltei, ela e a família inteira tinham virado presunto na vigésima chacina do ano. É verdade, meu caro. As matanças em grupo são contadas no palitinho por nós bandidos. Como precisava de grana, continuei a frequentar o buraco onde minha **ex** havia falecido. Como conhecia bem os camaradas, então iniciei o trabalho como passador. Claro, sem deixar os assaltos de lado. Principalmente porque dava mais grana pra manter meu vício. Até que cai na bobeira de assaltar o **veadinho** do Cláudio, maldito. Mas depois do reencontro na cadeia prometi pra mim mesmo que iria me vingar. Saindo daquelas grades eu caçaria ele onde quer que o cabra estivesse. Íamos acertar as contas. Eu não tinha nada a perder. Nem me importava se aquela **bicha** tinha brincado de bola comigo quando pirralho, ou mesmo escrito seu nome junto ao meu na pedra escondida na mata. Minha maior ira agora era relembrar o dia do acontecido, dos dois na cachoeira. Eu devia ter salvado o Bertinho!

Aquela prisão me revoltava. Teria de arranjar uma maneira de fugir daquela espelunca. Passei a me concentrar mais, ficava olhando para o teto dia e noite.

CINZA SOLIDÃO

Pensava direto na fuga perfeita. E no encontro marcado. Tudo teria de ser minuciosamente planejado para que nada desse errado.

E foi numa daquelas manhãs tranquilas em que os **truta** tomava sol comigo que escutei meio de longe que alguns criminosos planejavam uma evasão. Fiquei de **bituca**, ouvindo sem que eles percebessem, pois poderiam pensar que eu era um privilegiado ou *cagueta*.

— Vamo cavá um buraco que dê naquela escolinha, mano. Daí pegamo a mulecadinha como escudo. Se os caras mandá bala, colocamos as criancinha na mira. Tudo pela vida e pela liberdade. Morô?

Mas a tal fuga só iria acontecer depois de um mês. Bem, o jeito era esperar e ir junto com aqueles caras.

No outro dia de banho de sol criei coragem e falei com eles:

— Tenho um plano perfeito, mano. Vamo pilhá pelas grade. Nada de buraco.

Contei o plano em detalhes. E assim entrei para a quadrilha. Queria a liberdade que certa tarde um *viado* que se dizia meu amigo me tirou. Eu tinha muito ódio dentro do coração. Sabia muito bem que o Cláudio iria me pagar. E caro! Talvez, com a própria vida.

As piores lembranças dos tempos de cadeia invadiram a mente do escritor. Contudo, Leonardo não soube ler o indicador que o levou àquela atitude suicida. Teria sido sua odisseia nebulosa, ou o rancor oriundo de Cláudio, e vice-versa? A única certeza foi que não suportava mais aquilo lhe devorando. Um trampolim para que o cadeirante tentasse se jogar da janela de seu luxuoso apartamento, em Gramado.

A sorte foi que Ana Cláudia agiu rapidamente e, mesmo após o tropeço que a derrubou, a agente literária alcançou as pernas do escritor, tão moles quanto ao próprio alento dele em relação à vida.

Mais calmos, as respirações ofegantes pelo carinho recíproco, os dois resolveram partir para um café. O silêncio prevaleceu por vários minutos, até que a cafeteira foi desligada.

— Coa mais! Tá frio aqui dentro. O aquecedor não tá dando conta. — Leonardo atritou as palmas das mãos e as soprou, no intuito de obter calor.

— Fazia tempo que não o via assim, no entusiasmo pelo café. E esfregando essas mãos mágicas.

— As cartas não são minhas. O livro não é meu.

— Esses relatos são seus sim, e incríveis! Tenho certeza de que o livro voltará às suas mãos como um grande sucesso, Leonardo! Agora, quando tu aprendeu a falar naquela gíria terrível, hein?

— Ana... — Ele prendeu o ar que entrara rasgando, devido ao frio que ganhara o jogo contra o café, e continuou: — Eu preciso encontrar o Cláudio! Ele tem que me perdoar, por tudo que fiz.

— Bah, a clemência! Há luz no fim do túnel. Tu sabia que, pra essa energia se dissipar completamente, o perdão precisa vir de ambos os lados?

— Como assim? Você tá achando que...

— Tu é inteligente, não dê um de desentendido. Tu também precisa anistiar o cara. Ou acha que a missão é só dele?

Ana Cláudia repôs o pó, adicionou água e ligou a cafeteira.

— Dessa vez quero com açúcar.

— Tu vai precisar mesmo adocicar a vida. Mas não com esse açúcar aí. Tô falando de amor.

— E desde quando eu amei alguém?

Ana Cláudia, por um instante, sentiu-se rejeitada. Ela reconhecia o tamanho de seu sentimento pelo escritor. Entretanto, entendia a real que pairava no Mediastino do quarentão, onde morava sua alma.

— Desde sempre, Leonardo. — Finalizou, antes de devorar um biscoito. — Desde sempre.

Horas depois, a cafeteira desligada pela quarta vez, os dois deitados no sofá macio, cobertas abraçando-os num acalento aconchegante, Ana Cláudia despertou do sono que o café não conseguira derrubar.

— Leonardo? Acorda!

— Eu não dormi. Estava pensando na vida.

— Como seria dizer "estava pensando na vida" naquela gíria?

— "Tava rebobinando as parada aqui na cachola." Acho que é isso.

Os dois riram.

— Bah, não gostei. Tu deve ter mesmo perdido o dom da malandragem.

— Perdi foi todos os dons, minha amiga.

Argh! "Amiga", uma palavra que Ana Cláudia jamais gostaria de ouvir da boca de Leonardo.

— Ainda lhe resta um dom, eu acho. — a agente literária resolveu aceitar a derrota.

— Qual seria?

— A de se redimir mesmo com o tal pintor. Tu precisa. Sua alma pede.

— Faz um favor pra mim? Tente localizar o Cláudio.

— E se ele já passou dessa pra melhor? — ela disse em tom de brincadeira.

— Eu sei que ele está vivo. Sinto. — respondeu sério, na certeza de que sua alma lhe mandara o recado preciso.

— Leonardo... — Ana Cláudia suspirou fundo. — Eu já adiantei o serviço.

— O quê?

— O Cláudio... Eu sei onde ele está. O pintor tá em Gramado.

Novos relatos

RELATO 19

TERCEIRO SARGENTO

Eu e meu companheiro seguíamos pelas ruas e avenidas na mesma rotina de sempre. Nenhuma grande ocorrência. Apenas um indivíduo ébrio (bêbado) enchia a paciência da mulher e numa favela próxima efetuamos uma prisão de outro portando uns pinos (embalagem utilizada para armazenar cocaína). Até que, lá pelo meio da tarde fomos direcionados para uma ocorrência nas imediações do centro, mais precisamente na região da Lapa.

— QSL (Compreendido)! — falei ao rádio antes do cabo Osmarino seguir em alta velocidade.

Não demorou muito para que avistássemos o indivíduo loiro, cicatriz no rosto, correndo e empurrando algumas pessoas numa ladeira. Descemos da viatura e demos voz de prisão. Sabíamos que ele era o autor do delito.

— Você rasteja uma (usa entorpecente)? — perguntei revistando-o.

— Sim, senhor — respondeu o Leonardo.

Ouvi o chiado do rádio que vinha da viatura. Olhei rapidamente. Meu comparsa tinha o sorriso um tanto sarcástico. Eu já havia entendido tudo.

— TKS (Entendido) — finalizou com o rádio ainda na mão. O cabo Osmarino veio na minha direção após verificar a documentação do rapaz. — Procurado. Já foi pego no vapor (no tráfico) e é considerado fugitivo.

CINZA SOLIDÃO

Algemei o rapaz. Nem precisou a necessidade de um "X" (de uma atenção especial) na localidade. Cláudio ficaria pouco tempo naquela outra unidade à qual foi transferido. Logo seria encaminhado para a cadeia pública. Responderia em regime fechado.

Sua família no Vale do Ribeira foi avisada. Entretanto, seu pai foi categórico ao renegar o filho. Nem quis saber de nada. Ou seja, o indivíduo estava realmente ferrado. Lembro claramente que o homem até chegou a comparecer na delegacia a minha procura. Batemos um papo rápido, pois senti que ele não estava à vontade.

— Desde quando o jovem pratica esses delitos? — perguntei.

— Lá na nossa terra, cidade pequena, sabe, esse **cabra** só usava.

— Sempre culpam a cidade grande. Não é mesmo?

O senhor Serafim passou a mão pela barba rala. Não me olhava fixamente. Parecia envergonhado, sei lá.

— Olha, meu sinhô. Tenho umas família lá **pelas banda** de Marília. O lugar ainda não tá tão grande, mas meu irmão disse que até **nas roça** tem dessas coisa. Lá em Iguape, o Leonardo até poderia mexer com roubo, mas não. É verdade o que digo. O menino só usava **essas porcaria**. Cidade pequena. Eu teria sabido.

— O que não faz a droga.

— Tentemos de tudo. **Viramo** do avesso, sabe. **Mudamo** de lugar. Mas não houve jeito. Olhe só aonde ele veio **pará**.

— Não vai querer nem visitá-lo?

— Como já disse pro sinhô, o meu filho pra mim morreu. Acabou-se.

O senhor Serafim se despediu com um rápido aperto de mão. Enquanto ele descia pela calçada, eu enxergava, nos seus passos rápidos, a necessidade de chegar logo em casa e esquecer realmente que Leonardo existira um dia em sua vida.

Por incrível que pareça, eu atuava na mesma delegacia onde a tal Laura e o irmão do Leonardo, o Felipe, apareceram na procura do indivíduo. Porém, eu e o cabo Osmarino estávamos de folga na data.

No dia seguinte, quando peguei o turno, o outro policial nos passou o recado. Eu entraria em contato com a Laura, pois a mesma havia deixado o número de seu fixo. Mas nem precisou. A juventude sempre mais rápida. Pena que alguns não sabem utilizar isso para o bem. Não foi o caso dos três jovens, mas com certeza foi o destino escolhido pelo indivíduo de nome Leonardo. Sim, falo em escolhas, pois temos o livre--arbítrio para decidir os nossos próprios rumos. Pelo menos foi assim que aprendi na igreja. Foi assim que reconheci nos passos daquele pai desesperado.

RELATO 20

FELIPE

Resolvemos voltar imediatamente para o Vale. Antes, porém, visitei meu irmão mais uma vez. Precisava muito falar com ele.

A chuva e o ar frio tomavam conta da cidade. O dia que amanhecera tão claro havia se transformado em pura tristeza. E foi olhando para aquele céu cinzento que pude perceber como tudo na vida muda de uma hora para outra. Em segundos, do topo vamos ao chão.

Dessa vez, o carcereiro me levou para uma sala reservada. Ali, vi meu irmão com a cabeça baixa pela primeira vez. Pude tocar melhor aquele garoto cheio de rancor, com o rosto todo marcado pela aventura desnecessária. Abraçamo-nos e choramos pela primeira vez. E assim que iniciamos uma curta conversa:

— Quando você sair daqui dessa espelunca, Leonardo, vê se volta pra casa! — pedi.

— Nunca! Quando eu picar a mula daqui eu vou é cair novamente nesse mundo cão, saciar meu corpo com todas as drogas possíveis e rapar a carteira do povão. Tá pensando o que, Felipe? Que a vida é mole, rapá? Quem entra nessa vida não sai mais, cara. Ou é cadeia ou é a cova. Pela cadeia já passei. Como só me resta morrer, antes eu quero curtir mais um pouquinho da vida.

Fiquei assustado com o que ouvi. Em vão, tentei mais uma vez convencê-lo:

— Volta, cara! Todos nós estaremos lá no Vale te esperando de braços abertos. Você vai ver... A mãe, o pai... E até o Cláudio.

— Não fale nessa bicha! Olha mano, quando sair dessa porra desse lugar, vou me encontrá com o Cláudio sim, mas pra apagar o viado. Entendeu? Porque foi por causa dele que tô sofrendo aqui dentro hoje.

Levantei e me despedi. Já com a grade fechada e agarrado nela, Leonardo voltou a falar:

— Diga a seu queridinho que eu vou atrás dele!

Limpei as lágrimas que escorriam do meu rosto. Leonardo estava irreconhecível. Aquele não poderia ser o menino que tantas vezes brincou de bola comigo, com o Cláudio e com o Bertinho.

Embarcamos eu e o Cláudio com a garoa fina batendo na janela daquele ônibus caindo aos pedaços. Passei um bom tempo da viagem pensando em Laura, que havia ficado. Em vez de Cláudio, queria que ela estivesse ao meu lado. Aí eu poderia abraçá-la, beijá-la, sem que ninguém nos criticasse. Agora, se fizesse isso com ele, tudo seria diferente. Talvez até nos batessem, ou pediriam que deixássemos o veículo. Ficaríamos, então, perambulando pela estrada da morte com a garoa fina caindo sobre nossos rostos.

Olhei para o Cláudio, que dormia no banco ao lado. Tive dó. Os traços femininos pareciam cansados, desistindo de tudo. Era como se tivesse perdido a guerra. Voltava, por grande sorte, vivo para a casa da tia. É verdade! O dia claro havia se transformado numa tarde chuvosa, que embaçava tudo a nossa frente.

Quando o ônibus parou em Registro, segui em direção a uma lanchonete. Cláudio sentou e permaneceu imóvel num dos bancos de concreto que ficava próximo a um orelhão.

Logo chegou o outro coletivo que o levaria até o litoral. Com o cachorro-quente na minha mão vi quando ele encostou a cabeça na janela e fechou os olhos. Partiu sem ao menos dizer um tchau.

Já em Barra do Turvo, encontrei a casa vazia. Meus pais haviam ido à igreja. Tomei um banho quente para espantar o frio e fui deitar. Acordei com os gritos do meu pai:

— Onde cê tava até agora?

— Na casa do tio Marcos, lá em Marília. Já disse pro senhor. Por quê?

— Mentira sua! Seu tio teve aqui ainda ontem fazeno uma entrega e me disse que por lá ocê não apareceu.

Minha invenção teve pernas curtas. Resolvi, então, contar a verdade:

— Fui pra São Paulo atrás do meu irmão.

Meu pai sentou imediatamente na cama, como se tivesse perdido a força nas pernas.

— E cê conseguiu encontrá o cabra?

— Sim, pai. Encontrei. Tá preso numa cadeia por causa de assaltos e... E acho que também por causa de tráfico de drogas.

— E como ele tá?

— Ainda se droga e não pensa em mudar de vida, se é isso que também quer saber. Pai! Precisamos ajudar o Leonardo!

— Nem pensar! Ocê não vai ficar mais perto daquele cabra! Ele quem escolheu a vida que tá levando. E pra nós ele tá morto! Morto!

— Pra você e pra mamãe, talvez. Agora, pra mim ele tá vivo, pois eu o amo.

Furioso, ele me intimou:

— Caso ocê se encontre novamente com aquele vagabundo será melhor que acompanhe o rumo dele.

Na madrugada seguinte, escutei meu pai conversando com minha mãe, que na ocasião agradecia a Deus pelo filho ainda estar vivo. Enquanto ele reclamava, ela orava sem parar. Naquele instante percebi que a religião muitas vezes não salva ninguém. Papai continuava o mesmo. Reclamou tanto do Leonardo, mas esqueceu-se que o filho nada mais era do que ele próprio refletido num espelho rachado pela ignorância e falta de amor, que nem as próprias palavras do Pai Todo Poderoso conseguiram colar.

Ainda cedo fui até a vizinha atender ao telefonema de Laura. Ficamos conversando durante um bom tempo. Ao voltar para casa, lá veio meu pai com novas interrogações:

— Quem é essa garota que não para de te ligar?

Não escondi a verdade inclusive sobre sua crença em vida após a morte e reencarnação. O velho quase surtou>

— Quero o telefone dela pra dizê poucas e boas!

Neguei qualquer informação.

— Não aceito fio meu namorando uma mulhé de outras religião. Ainda mais esse tipo de gente que mexe com espiritismo. Já basta um bandido. Outro perdido na vida jamais.

Pegou a Bíblia e saiu para o culto. Procurei respeitar sua opinião. Eu estava confuso com tudo aquilo.

Imediatamente voltei a ligar para Laura, só que de um orelhão.

— Não telefone mais naquela vizinha. É uma fofoqueira e vive falando mal até das roupas dos irmãos lá no templo.

Chegamos a um acordo. Caso eu não tivesse ficha telefônica, ligaria para ela a cobrar, mas somente depois das nove da noite. Tudo para manter a economia. E assim, os dias se passaram. Saudade de Laura já não sentia tanta. Agora, meu coração batia forte pelo Leonardo, meu irmão querido que ainda estava preso. E por Cláudio, que há dias não dava notícias.

RELATO 21

CLÁUDIO

Tia Alzira chorou muito durante meu desabafo.

— Vamos pensar no Leonardo de antigamente, fio. Naquele Léo sorridente, que brincava com você...

— Não tem como, tia. Ele hoje é um bandido perigoso, e prometeu se vingar de mim assim que deixar o presídio.

— O jeito é encarar a situação de peito aberto, mas não podemos viver em função disso. Você precisa continuar com a sua vida e esquecer que um dia o Leonardo te disse essas barbaridades.

— Sei que vai ser difícil. Mas prometo tocar no assunto somente quando for necessário.

Por causa dessa minha decisão, nem para o Felipe liguei mais. Queria um pouco de paz, esquecer aqueles dias de cão.

Voltei mais uma vez na cachoeira. Tomei um bom banho gelado, tentando esfriar a cabeça. Conversei com as plantas e com os insetos. Parecia ter aprendido a língua deles. Pedi ainda a proteção do falecido Bertinho.

Depois dessa tarde isolado na mata, voltei com as energias renovadas e fui atrás de um emprego melhor. Capinar terrenos era coisa para macho.

Batalhei todas as lojas, padarias e mercados. Nada de uma colocação. Até que tive a ideia de comprar o carrinho de churros que a avó do Bertinho estava vendendo.

— O que acha tia?

— Ótima cartada, fio. Mas vem cá: você tem o dinheiro?

— Ela me fará em três vezes. Tenho a primeira parcela inteira. As outras eu pago com o trabalho.

Assim que adquiri o carrinho, levei-o para casa e dei uma boa reforma em toda a lataria e também nas rodas. Ficou praticamente novo.

Passei a trabalhar durante as noites, principalmente nos finais de semana. Voltei a viver, a ver a lua, as estrelas. E a paquerar. Coisas simples que a desilusão havia me roubado.

Em poucos dias comecei a ganhar uma grana. Caprichava no recheio, ganhava a confiança de muitos jovens e notei que o Léo já era passado. Até na cachoeira deixei de ir.

Aquela esquina pouco iluminada onde eu vendia meus doces se tornou um ponto de encontro. Ouvia e comentava histórias de amores mal resolvidos, casos polêmicos envolvendo gente grande na cidade e outras que também vinham de fora.

Certa noite, com a brisa quente beijando a nuca e o céu pouco estrelado, o movimento na esquina pela primeira vez foi fraco. Eis que uma senhora se aproximou do meu carrinho. Olhou bem fundo nos meus olhos e disse:

— Viadagem pra mim já é doença! — Ela foi categórica.

— Não existe doença ou perversidade num ato de amor. A senhora me pediu mais um churros. Não foi?

Ela foi direta na pergunta que me fez:

— Vocês gays nascem assim?

— Por que "vocês"? — Fiquei vermelho.

— Percebi que você é um deles. ,

Deu a nítida impressão de que éramos vampiros ou extraterrestres.

— Quem sabe, minha senhora — respondi firme. — Mas não é de direito de ninguém julgar. Enquanto existir essa guerra besta, mais idiota será o mundo. Feliz talvez seja o ateu que não acredita no que realmente existe: um Deus que ama a todos.

CINZA SOLIDÃO

Ela permaneceu em silêncio por um bom tempo, e sem abocanhar seu segundo churros de chocolate.

— Quanto custou os dois?

— Pra senhora não custará nada.

Fui para casa e passei o restante da madrugada pensando no assunto.

"Até quando as pessoas vão ter medo daqueles que realmente fazem o mal para a população, mas enfrentarão os que amam? Até quando meu Deus?"

Enquanto olhava para o teto escuro, essa pergunta insistia em ficar presa na minha memória. De repente bateu o medo da morte. Adiantaria nós vivermos histórias lindas, porém, morrermos no final?

Deu-me vontade, então, de escrever um livro. E eu mesmo pintar a capa. Nele, quem sabe, não precisaria matar ninguém. Haveria apenas justiça. Virei de lado e dormi. Acordei com o telefone tocando.

— Alô? Quem fala?

— Sou eu, amigo!

Era Laura. Sua respiração ofegante apontava certo apavoramento.

— O que houve, menina?

— O Leonardo fugiu da cadeia!

Bati o telefone. Ela não retornou a ligação. Deve ter entendido o que eu sentia naquele momento. Aquele olhar cheio de ódio parecia me seguir. O medo aumentou. Afinal, Deus havia nos dado a morte de presente. E que presente!

RELATO 22

LEONARDO

Nem passou pela minha cuca que seria moleza dar uma rasteira nos **gambés**. Todo dia eu e **os cara** da jornada batíamos aquela bola pro plano perfeito de fuga.

Através de um mano que comia uma **bicha** da primeira cela, consegui uma serrinha que ele trouxe enfiado no rabo.

— Meu! Como o camarada pode enfiar essa porra aí no rego? — Eu não conseguia engolir aquela parada.

Todo final de tarde, os mano cantava uns pagodes, enquanto que eu e o "do buraco quente" serrávamos as grades. Os outros manos faziam o mesmo nas outras celas. Pra tampar as fendas, a gente usava chiclete ou resto de comida. Depois era só dar um trato com a própria cinza das grades. Assim, aqueles filhos de uma mãe jamais desconfiariam de nada.

Aquela situação deu certo porque nenhum dos carcereiros batia com os cassetetes no ferro. Preguiça, **brother**. **Os cara** é foda.

Resolvemos picar a mula naquela noite. Seria melhor pra gente se esconder. Só não teria como colocar em prática o plano de ter a criançada como escudo.

Com grande facilidade, retirei o ferro e pulei. Os mano fizeram o mesmo. Depois de algum tempo, saltamos o muro que dava na creche. Lá, pegamos alguma coisa pra comer e saímos pelos fundos, numa rua escura e sem barulho.

CINZA SOLIDÃO

Pra mim, a fuga foi supimpa, mas pra alguns dos manos foi péssima. A maioria foi recapturado. Coisas da vida de bandido.

Eu me sentia feliz. Ria à toa. Parecia ter fumado um beque. Mas não parava de pensar no pó e no **viado** do Cláudio.

Roubamos com facilidade um carro na marginal. Meu camarada quis comer a menina que **tava** no banco de passageiro.

— Deixa o titio aqui colocá só um pouquinho nela pro namorado ver do que eu sou foda, vai!

Mas eu não permiti:

— Que nada, maluco! Vamo simbora que eu tenho que descer a serra pra metê bala no viadinho...

Socamos o rapaz e deixamos a menina amarrada numa árvore. Fomos parar numa favela de uns conhecidos pra pegar armas e carregar a munição. Lembro que os manos insistiram num barato que acabei aceitando. Cheirei pra caramba. Dali, pegamos a BR e fomos para o Vale, rumo às bananeiras, ao encontro definitivo.

Tava tudo minuciosamente armado. Até meu pau. Chegaria naquela merda de cidade e estouraria uma bomba. Pipocaria o Cláudio, gozaria na cara dele e depois desovaria na cachoeira, do lado da pedra com o nosso nome. Voltaria, então, pra casa dos meus pais e daria uma bela surra nos dois. Pra esses seria uma vingança mais leve.

A cada minuto em que eu entrava na região onde vivi grande parte da minha vida, a infância voltava forte. A mata com as árvores balançando pareciam querer algo. A escolha entre o Cláudio e o Bertinho, os dois dependurados no penhasco. Mas já era tarde demais pra arrependimentos. O desejo era mais forte do que tudo naquele momento **miserê**.

Chegamos de madrugada. Fomos direto ao ponto. Na minha cintura, dois **trinta e oito carregadinho**. Na do meu camarada mais um. A **bichinha** ficaria toda furadinha, coitada!

132

Uma neblina mágica pairava sobre a cidade. Ninguém nas ruas, nem a polícia.

— Mano, tudo certo pro seu ataque?

— Quero matar ele logo. Sem sofrimento. Ele foi meu camarada na infância. Merece subir sem dor.

— Se precisar de ajuda pra apagá o sujeito é só falá com o Manchado aqui.

Demos uma volta na praça e seguimos para o canto do morro. Parei o carro na esquina e fui a pé. Deixei o tal do Manchado na retaguarda. Queria fazer o serviço sozinho. Ele só me ajudaria a colocar o corpo no carro pra eu desovar lá na floresta.

— Mas assim os gambé vão pegar a gente.

— Quero barulho, Manchado! Quero bomba explodindo na cidade depois que eu matá aquele sujeito! O resto é simples, fugimos pra mata! Quero ver alguém achar a gente por lá!

— Dizem que na mata tem onça.

— E é verdade. Mas sei lidar com ela. Já vi muitas lá na cachoeira. E é lá que vamos passar a noite.

Assim como combinado, o Manchado desligou o carro e acendeu um cigarro. Segui sozinho o restante da rua a pé. Enfim, parei na frente da casa da dona Alzira. Arrombei uma das janelas daquela sala que dava direto pra rua. O local cheirava a macumba, parecia incenso. Entrei rapidamente, procurei por todo canto, mas não encontrei ninguém. Em poucos minutos várias viaturas encostaram. Olhei pela fresta, vi quando o Manchado deu partida no carro e uma viatura foi atrás. Não teve outro jeito a não ser mandar bala. Começou, então, o tiroteio que me derrubaria.

RELATO 23

TIA ALZIRA

Depois de receber o telefonema da Laura, Cláudio abriu o jogo comigo. Alertei-o:

— Não podemos ficar aqui, fio. Ele prometeu acabar com você assim que saísse da cadeia.

— Deve estar vindo pro Vale. Sinto isso — disse.

Não hesitei. Deixei meu sobrinho tentando relaxar por causa da sua forte dor de cabeça e fui até a delegacia, já que era perto de casa e daria tempo de voltar para pegá-lo antes de qualquer tragédia. O delegado foi rápido e decidido:

— Saiam de lá agora! Veremos um lugar seguro para os dois!

A madrugada escura e com neblina, que tapava nossos olhos, parecia colaborar com o plano de Leonardo.

Assim que retornei para casa, chamei o Cláudio e juntos acendemos alguns incensos pelos quatro cantos antes de sairmos de vez. Tinha certeza de que os seres invisíveis iriam nos ajudar.

De volta à delegacia, uma notícia preocupante:

— Um gol preto foi roubado na marginal Tietê e seguiu em direção ao Vale do Ribeira. Dentro dele, dois rapazes com as características dos fugitivos da tal penitenciária onde estava o Leonardo.

Ali mesmo o delegado chamou os agentes de plantão que saíram em disparada.

— Tia, esses policiais vão machucar o Léo. Tenta impedir, tia!

— Só se o Léo atirar, fio.

— Nossa intenção é prendê-lo, Cláudio. Não é atirar, muito menos machucar ninguém. Agora, se ele reagir, teremos que nos defender — finalizou o delegado.

Fomos para casa da avó do Bertinho. Cláudio estava apavorado e não ficou ali nem cinco minutos. Quando dei por mim, ele já estava correndo pelas ruas voltando pelas bandas da minha casa. Fui atrás. Não tive escolha, e nunca imaginaria que tudo acabaria daquele modo. Fiquei desesperada quando cheguei na esquina da minha rua. Tiros para todos os lados.

— Por favor! Não matem meu amigo! — gritava Cláudio.

De repente, um rapaz todo mal vestido saiu com as mãos na cabeça. Parecia querer se entregar. Só que tudo não passava de uma grande farsa. O policial chegou mais perto. Antes mesmo de tocar no garoto, percebeu que ele tinha a arma na cintura. O PM tentou se jogar no chão, mas Leonardo foi para cima dele com a arma em punho. Houve um tumulto geral. Ali mesmo o policial ficou gemendo, caído rente à guia.

Novos tiros. O braço de Leonardo havia sido ferido, mas ele conseguiu voltar rapidamente na direção da casa. Subiu no telhado como se faz uma jaguatirica quando foge da mata. Mas já era tarde. Outro tiro certeiro pegou em cheio suas costas. De lá ele foi direto para o chão. Ficou gemendo ao lado do policial baleado. Cláudio correu em sua direção.

— Desculpa, Léo! Desculpa por tudo! — O delegado também se aproximou:

— Com licença, garoto! — falou para o Cláudio. — Precisamos levá-lo pro hospital.

Afastou meu sobrinho com os braços. E com a ajuda de outro PM colocaram o Leonardo dentro da viatura. A pé, seguimos eu e o Cláudio até o pronto-socorro. O alvorecer apontava no horizonte.

CINZA SOLIDÃO

Assim que chegamos na emergência, vimos a mesma ambulância saindo em disparada.

— Ele está sendo transferido para o hospital regional de Pariquera-Açú. O tiro acertou sua coluna — confirmou o delegado.

— O senhor está indo pra lá? — perguntei.

— Sim, estou. — Podemos ir junto?

Ele hesitou, mas vendo o desespero do meu sobrinho, deixou que nós entrássemos na viatura.

Em poucas horas, a dona Dulcinéia, acompanhada do marido, compareceram ao hospital regional. Os dois choravam sem parar. O Serafim olhava com ódio para o Cláudio, que também se debruçava em lágrimas no canto daquela sala gelada. Até que chegou o médico com uma notícia que mudaria o destino de todos:

— O rapaz foi atingido em cheio nas costas e pegou a vértebra. A queda do telhado facilitou ainda mais pra deixá-lo paralítico.

— Meu filho! Sem as perna! Nãooooooooooooooooooo! — gritou o velho Serafim com a Bíblia na mão.

Dulcinéia, muito nervosa, partiu para cima de Cláudio:
— Você foi o culpado! O demônio te acompanha, seu cretino!

Serafim apartou a mulher. Cláudio saiu correndo pelas ruas, sem destino. Meu sobrinho foi aparecer em casa dois dias depois do acontecido. Até aí, meu desespero já era em dobro. Todos os meus incensos haviam acabado. Inclusive minhas Carambolas.

RELATO 24

FELIPE

Fui obrigado a contar tudo aos meus pais. O bem queria aquilo. A força maior do universo também. Os anjos aclamavam pela verdade. E o desejo que sempre acompanhou o Cláudio em sua jornada chegava ao final, tão trágico e triste, do jeito que ele mesmo escolheu. Por um suposto amor, o destino fez com que os dois se cruzassem e Leonardo fosse parar na cadeira. Por um suposto amor, o Cláudio mudou nossas vidas e quase conseguiu me jogar na tentação. E por um suposto amor...

— Dulcinéia! Dulcinéia! — A vizinha fofoqueira entrou em casa nos gritos. Ainda não havia nem clareado o dia, mas nós três já tomávamos nosso café. Coisas de meu pai.

— O que aconteceu, menina? Que afobação é essa? — perguntou minha mãe.

— O telefone tocou lá em casa avisando que seu filho levou um tiro. Tentou matar alguém lá no litoral e agora tá em estado grave naquele hospital grandão que fica em Pariquera.

Meu pai pegou a Bíblia e os dois saíram em disparada. A vizinha sentou sossegada na mesa para fazer um lanche. Tirei a mulher da cadeira e, contra a sua vontade, oramos uma centena de vezes. A fofoqueira só foi embora depois que comeu quatro pãezinhos e tomou quase todo o café da garrafa.

Fiquei aliviado em contar a verdade aos meus pais. E digo que nem pensei nas consequências que Cláudio sofreria.

CINZA SOLIDÃO

Para mim, o que importava realmente era ver minha família em paz. O pederasta, como diziam os antigos, é que arcasse com todo o resultado de sua tamanha maldade, que quase me levou ao buraco sem fundo também.

Quase duas horas depois do café, a tal vizinha voltou. Olhou primeiro para a mesa, então, limpa e soltou com raiva:

— Seus pais ligaram. Pediram pra que você vá até o hospital. Parece que seu irmão não vai mais andar.

O motorista do ônibus pareceu ler meus pensamentos e pegou a estrada em alta velocidade. Nem me importei com perigo de acidente. Observava a mata e via que tudo aquilo tinha vida, e que papai e mamãe não me renegava. E nem ao Léo. Seríamos novamente os dois irmãos mais queridos do planeta.

Quando cheguei ao pronto-socorro, nem dona Alzira, muito menos o Cláudio estavam por lá. Já haviam saído. Ainda bem. Não sei qual seria minha reação.

Deu dó de ver meu pai gritando. Queria o filho andando novamente. Enfim, o havia perdoado. Só que já era tarde. Leonardo, a partir daquele momento, só se locomoveria numa cadeira de rodas. E Cláudio, com certeza se arrastaria sozinho, de braços dados com a solidão que sempre o acompanhou. Era o seu fim.

Dois dias depois Leonardo saiu dos aparelhos e da UTI. Meus pais e eu dormimos ali todo esse tempo. Fomos convidados a nos dirigir até o quarto onde meu irmão ficaria internado por mais alguns dias. A porta estava entreaberta e o local tinha um cheiro esquisito, sem vida. Leonardo dividia a enfermaria com mais seis rapazes. Todos eles operados por causa dos graves acidentes que sofreram na rodovia da morte. Meu irmão teve o privilégio de ficar mais próximo da janela. Seus olhos ainda lutavam para permanecerem abertos e ele falava só o necessário.

— Ocê há de ficar bom, meu filhote! — jurou meu pai, ainda com aquela Bíblia na mão. Sinto que estava completamente arrependido.

— Já sei da real, pai. O médico me contou. — Leonardo parecia conformado com a situação.

— Mas pra Deus nada é impossível. — Minha mãe o consolou.

O rapaz começou a tossir. Paramos imediatamente a conversa. Ele entendeu que não poderia ficar falando muito e fechou os olhos.

— Vamos, mãe! Vamos, pai! O Léo precisa descansar um pouco.

A igreja não doou a cadeira de rodas como havia prometido. Alegou falta de dinheiro. Porém, com a ajuda de parte da população da cidade juntamos o suficiente para comprarmos uma usada. E assim Leonardo retornou ao doce lar cerca de quinze dias depois, empurrando com as mãos aquela cadeira que, daquele momento em diante, seria seu guia.

RELATO 25

CLÁUDIO

O tormento foi tanto naquela recepção do hospital que saí correndo pelas ruas da pacata cidade. O jeito foi ficar hospedado num pequeno hotel, talvez o único daquele lugar. Aquele quarto cheirando a mofo irritou meu nariz e fiquei com os nervos à flor da pele quando reparei que a cama estava toda desarrumada e próximo à janela havia uma camisinha usada no chão. Dessa mesma veneziana dava-se para observar o movimento na avenida principal através de duas frestas quebradas. Precisava me isolar do mundo. Queria evitar até os carros que passassem lá embaixo. É que num deles poderia estar Felipe junto dos pais.

Até de tia Alzira quis distância. Tanto que não liguei para dar nenhuma notícia sequer. Chorei durante as duas noites que permaneci naquele lugar. Pensei muito na minha infância e nos amores perdidos. Jurei que voltaria ao litoral apenas para pegar minhas roupas e tomaria o rumo da capital. Lá era o meu verdadeiro lugar. Lá eu pintaria novamente meus quadros. Todos cinza. E faria uma bela exposição.

Quando retornei a Iguape, encontrei minha tia Alzira diante do seu altar de pedrarias e incensos. Naquela tarde, ela fez questão de preparar as manjubas que eu tanto gostava. Entretanto, não consegui comer nenhuma. Queria esquecer o passado. Entrei no quarto sem nada dizer e arrumei minhas malas.

— Sabia que você ia embora, fio.

— Na verdade tia, esse nunca foi meu lugar, meu mundo. Aqui só fui feliz quando era criança. Hoje, tia, não é difícil pra perceber o quanto necessito voltar e reencontrar meu verdadeiro caminho.

— Só quero que saiba de uma coisa: abandonado você nunca esteve.

Ela pediu para que eu fosse até seu quarto. Chegando lá, abriu a porta de seu guarda-roupa e tirou de um canto uma caixa de sapatos. De dentro da caixa puxou uma foto. Leonardo brincava de bola com meu tio e o falecido Bertinho me abraçava. Ao fundo, o azul do céu era impressionante, como nunca mais vi.

— Sempre tive vontade de lhe dar essa fotografia, fio. Nela, a felicidade estampada em seu rosto é igual ao céu do fundo. Pinte ela numa tela um dia.

— Obrigado, tia! Vou guardá-la pra sempre! Prometo!

— Espere! Ainda tenho outro presente.

Da mesma caixa tia Alzira retirou a imagem de um santo amarrado a um tronco e com o corpo totalmente perfurado pelas flechas. O mesmo santo que eu havia visto, quando fui assaltado por Leonardo naquela movimentada avenida e corri para dentro daquela igreja, tentando escapar do mal que me perseguia.

O outro dia clareou sem névoas. Da calçada rachada, dei um tchau contido para não chorar.

— Você aprendeu bem, Cláudio. Não existe adeus, apenas tchau. No final de tudo, vamos nos reencontrar mesmo. — Tia Alzira sorriu.

Na rua que me levaria até a rodoviária, senti que a mata me chamou pela última vez. Larguei as malas e o display encostados numa palmeira que balançava ao vento noroeste e corri trilha adentro.

Cheguei rápido ao meu cantinho predileto. A cachoeira chorava. As árvores pareciam se curvar para um ser superior,

CINZA SOLIDÃO

invisível aos olhos humanos. Assim era a natureza. Retirei a pequena imagem do bolso e coloquei-a ao lado da pedra onde tinha meu nome e o do Leonardo escrito. Refleti por um instante e dei as costas à queda d'água que mais parecia um trono. Foi então que senti a presença de alguém naquele local. Olhei para o alto, de onde as águas fortes caíam. Vi, como vejo uma pessoa em carne e osso, aquela criança escorada a uma árvore, e com algumas flechas sendo seguradas por mãos tão delicadas. Ele sorria para mim. Bertinho não sentia mais dor.

Meus olhos embaçaram e quando voltei ao normal o guerreiro já havia desaparecido. Sim, era o meu amiguinho de infância, um santo que tanto havia me protegido durante todo esse tempo. Naquele momento passei a entender tudo. Não tive outra escolha senão agradecer.

Voltei onde estavam as malas e o cavalete para pintura. Andei um pouco pelas ruelas e peguei o ônibus para a capital. A menina violenta e violada esperava por mim. Minha alma necessitava de encontrar a tonalidade para aquele cinza solidão.

RELATO 26

TIA ALZIRA

Cláudio preferiu nunca mais colocar os pés na cidade que tanto o acolheu. Mas deixou saudades.

Logo que ele se despediu e virou a esquina, fui lavar minhas roupas e entrei no quartinho dos fundos para pegar sabão em pó. Percebi que havia, no carrinho de churros deixado para que eu continuasse os trabalhos, um bilhete pregado com durex.

"Sei que tudo na vida passa. E que os amigos sempre vão embora. Eu tenho que arrumar novas amizades, correr atrás de gente, pra não ficar sozinho. Chegou de novo a minha vez de partir e abandonar os amigos pra trás. Deixo também meu coração, o carrinho de churros manchado de tanto doce e a esperança de que Deus também olhe por mim e perceba que sou seu filho. Preciso demais de um beijo e um abraço. Aliás, como será o verdadeiro beijo? E o abraço? Você já teve a resposta, tia. Agora o fio aqui não. Agradeça sempre a vida. A senhora merece tudo de bom. Cláudio."

Terminei a limpeza, acendi um incenso de rosas brancas e saí para vender os doces. Aos poucos, ganhei a confiança da antiga freguesia do meu sobrinho e pude comprar outros móveis para sala. Só não desfiz da estante de madeira. Presente do meu querido marido.

Certa noite, a avó de Bertinho parou na esquina para saborear um novo sabor que eu lançava na praça. Estava feliz e ria à toa.

CINZA SOLIDÃO

— Meu neto taria na idade de ir pra faculdade. Seria doutô.

— A senhora sempre fala que ele sempre foi um bom menino.

— Taria morano em São Paulo. Tenho certeza disso. Sempre falo com ele, peço pra ele não ficar saindo muito de noite pela mata. Ele me ouve, sabia. - Pediu mais recheio de beijinho, mordeu um pedaço enorme e quis saber do Cláudio: — E seu sobrinho? Por onde anda? Me falaram que ele é viado.

— Se ele é ou não, por acaso é da sua conta? — Fiquei irritada. — E quem sabe seu neto não seria um deles também?

— Vira essa boca pra lá, muié! Respeita os morto!

Esperei que ela terminasse de comer e procurei saber sobre Felipe e Leonardo. Sendo tão fofoqueira, com certeza ela teria a resposta.

— O bandidinho continua na cadeira de roda. Ainda bem! Só assim ele não rouba mais ninguém. Agora o *tar* do Felipe, ouvi *dizê* que embuchou a namorada de São Paulo e o pai quis é pôr ele pra fora de casa. Só que *dispois* resolveu voltar atrás. Serafim é fogo. Quer agora que a moça mude de religião pra se casar com o menino.

Ela mexeu no bolso como se fosse pegar o dinheiro.

— É um real — eu disse, então.

— Ponha na conta, por favor, minha menina. Te pago quando recebê minha aposentadoria.

Ainda bem que depois daquele lanche, nunca mais ela voltou para comer outro. Seria prejuízo na certa, já que não pagava nenhum churro e esvaziava vários frascos de doce de leite e beijinho.

Dia desses Dulcinéia apareceu aqui no litoral. Veio mandar reformar a casa por dentro. Eiras e beiras, só do lado de fora mesmo. A avó de Bertinho, como sempre, já estava de escuta na janela.

— Como vão os menino? — perguntou curiosa.

— Leonardo continua lá, inválido, traumatizado, mas tá bem. Não sai nem pra tomar sol. O Felipe vai se casar com a Laurinha e morar em São Paulo. Gosto tanto da minha nora!

— Por que **cês tão** reformando a casa? Vão voltar pra Iguape?

— Não! Pelo contrário! Vamos alugar. Isso aqui é passado pra gente.

Eu, que estava com meu carrinho de churros bem ao lado, escutava toda a conversa. Em determinado momento, Dulcinéia veio ao meu encontro.

— Ganhando a vida, Alzira?

— Sim. Agora trabalho com esses doces.

— Deve conseguir um bom dinheiro.

— Nada, menina. Tem muita gente que não paga — disse em voz alta para avó do Bertinho escutar mesmo.

Em nenhum minuto sequer Dulcinéia perguntou por Cláudio. Senti na alma aquele desprezo. Como nunca fui de deixar barato, fui logo dizendo:

— Meu sobrinho foi embora. Sabia?

— Que o cão o carregue! — cuspiu em seguida, mudando a feição. Parecia tomada por algum espírito maligno.

— Que Deus o abençoe! Isso sim! — revidei mais alto ainda. E assim ela se foi.

Alugou a casa para um casal de gays sem saber que eles iriam colocá-la de cabelos em pé. Os dois lembram um pouco o jeitão do Cláudio. São alegres e extrovertidos. Brincam com todo mundo e fazem da casa alugada de Dulcinéia um salão de baile e encontros amorosos.

Eu queria muito que meu sobrinho estivesse por perto. Pena que o destino quis diferente. Ontem, quando vendia os churros na praça, vi quando um garoto passou correndo,

CINZA SOLIDÃO

segurando uma imagem de São Sebastião numa das mãos. Igualzinha àquela que dei ao meu sobrinho.

— Ei! Deixe-me ver essa estatuazinha!

O menino não relutou. Peguei a estátua com delicadeza e a reconheci pela lasca que tinha próximo da perna.

— Onde comprou? — perguntei.

— Achei lá perto da cachoeira, tia. Bem dentro da mata.

Sabia que aquilo tinha sido obra do Cláudio. Ele havia largado lá, no lugar que sempre jurou ser seu, de Leonardo, e do falecido Bertinho. Deixei que o moleque fosse embora com a imagem. Ele correu na direção da casa paroquial. Parou na praça e se ajeitou numa roda com duas garotas que cantavam:

— Ciranda cirandinha, vamos todos cirandar...

Fechei meus olhos. Então, vi meu sobrinho, ainda pequeno, e no meio daquela roda. Ele olhava feliz na minha direção.

— ... Vamos dar a meia volta, volta e meia vamos dar...

Ele, tão lindo, não chorava! Sorriu de novo para mim. Eu entendi a mensagem. Meu sobrinho aprendera a viver, sozinho.

RELATO 27

JUAREZ

Sabe, diz o povo que quem ama é pra sempre. O que senti pela Odete foi tesão mesmo. Excitação louca, mas acabou. No começo era toda noite, depois três vez por semana. Nos últimos meses, passava dia sem nada. Juro que não tinha vontade. Pensei na cachola aqui que podia ser a tal da impotência, mas foi só arrumá uma putinha num boteco do Belenzinho que percebi onde tava o problema: era na Odete mesmo.

Certa noite, um frio de lascá, ela veio se encostando. Fui pro canto da cama, mas ela insistiu. Levantei e fui procurar o sofá da sala.

— Não vai me dizer que tá com dor de cabeça de novo?! — Quis saber ela.

— Estou é de saco cheio mesmo, Odete! Com nojo do cê, dessa casa.

— O que eu te fiz, Juarez?

— Aí é que tá o probrema. Nunca fez nada.

Odete tentou dizer algo, aumentou a voz. Fingi que não ouvia e fui direto pra o outro cômodo.

Assim que amanheceu o dia com o sol batendo no meu rosto, levantei e fui escovar os dentes. Ela, que sempre acordava antes, ficou no quarto, com a porteira fechada.

Na mesa não tinha mais os pãozinho, nem o café fresquinho de antes.

CINZA SOLIDÃO

Após o banho demorado, fui até a cozinha e tomei três copo de água. Saí pra trabalhar. Antes, passei no boteco perto do trampo para tomar um pingado com pão na chapa. E lá tava a tal putinha da vila.

— Oi, gato! Parece que não dormiu direito!

— É. Não dormi.

— Dá pra perceber bem. Parece que tomou soro a semana inteira.

— Minha cara tá muito inchada?

— Tá sim. Mas, se quiser eu o desincho rapidinho.

Dei um olé no trampo e fui parar casa dela. Ali, a gente ficou o dia todo.

Já de tarde, após tomar o quinto banho com ela, eu já me arrumava pra sair quando a putinha fez uma proposta:

— Quer vir morar comigo?

— Não brinca, garota.

— *Tô* falando sério. Quer vir pra casa de vez?

Saí de lá sem dar resposta. Tava indeciso. Não sei se com ela seria tão bom quanto com a Odete: cafezinho na mesa, pão com ovo, janta na hora certa. E outra, a Odete era mulher de um homem só.

A decisão final veio na mesma noite em que cruzei com a Odete bêbada, e falando sem parar no **viado** do Cláudio.

— Quero meu filho de volta! É ele que amo!

Até aceitaria a Odete, mesmo sendo mulher de vários macho, mas o Cláudio de volta naquela casa nem pensar. Ou era eu, ou ele.

— Chegou a hora de ocê definir quem quer realmente.

— Quero meu filho! Bastou.

Juntei todas as minhas tralhas e fui pra casa da Cidinha, a tal putinha. Fiquei a noite toda do lado de fora da casa, pois a vaca tinha saído pra ganhar a vida.

148

Quando o dia tava amanhecendo e ela chegou, logo me cutucou na calçada e entram junto no beco. Cidinha foi tomar um banho e depois preparou um café da manhã dez vezes melhó do que o da Odete. E a gente se beijou muito, porra!

— Queria que tu entendesse uma coisa, Juarez: o que faço nas madrugada, nada mais é que minha profissão. Gosto mesmo é de tu.

— Nossa, mulher! Te peguei de jeito, então? Foi?

— Acho que foi a porra do beijo. Olha, prometo ser a melhor esposa, menos na fidelidade. Vou ter que te trair todas as noite.

— Você me excita quando diz essas besteira, sabe.

— Gosta?

— Talvez seja isso que tô buscano. Fetiche. Saber que minha mulher dorme com outro, mas volta pra casa.

— Tu tem tara, é, Juarez?

— Sei lá, mas gosto disso, Cidinha.

— Bom saber. Só assim a gente pode criar situação pro sexo não morrer nunca. E olha que sou expert nisso. Tu não vai me largá nunca mais. Escreva o que tô lhe dizendo.

Cidinha levantou da mesa e foi pra cama dormir. Eu, com a cara inchada, tomei mais um banho pra disfarçar.

Como tinha que ir trampar, peguei uma camisa na mala e vesti. Coloquei a mesma calça e tamém a mesma meia. Antes de sair, fui dar um beijo na minha gostosa. Ela, toda sonolenta, mal se virou para o meu lado e soltou:

— Preciso nanar. A última noite foi foda. Cinco, um atrás do outro.

Sorri e saí nas ruas saltitando. Até as pessoas que eu detestava passei a cumprimentar. Pensei no tal do Cláudio e vi que meu ódio desapareceu. Foi ele que me salvou daquele casamento sem graça, frio.

CINZA SOLIDÃO

Peguei um ônibus lotado. Como o trânsito tava pesado, desci próximo à primeira estação e rumei no trem da CPTM até o serviço. Não queria atrasar lá na fábrica. Precisava fazer tudo direitinho e aproveitá o horário de almoço pra tirar uma soneca, pois à noite, já que era folga da Cidinha, sabia que não teria como nanar novamente.

RELATO 28

ODETE

No dia em que aquele cachorro do Juarez foi embora, pensei até em ligar pro Dinho, pedir pro pobre voltar. Como pude deixar meu filho de lado só pra viver com um homem que me traía, em tudo que é sentido?

Passei a beber mais e numa de encher a cara, cruzei com o Juarez e a tal de Cidinha no boteco perto do serviço dito cujo.

— Fio da mãe! É com ela que cê me traía, né!

— É com essa daqui que encontrei o verdadeiro tesão, Odete! Dá pra entendê ou não dá?

Cidinha tava era calada. A única coisa que fez foi lamber os beiços, que tavam com espuma da cerveja gelada.

O dono do boteco me colocou pra fora. Caí na calçada enlodada e vi quando o Juarez riu. Cidinha, a puta, me olhou séria. Pareceu entender a minha situação.

Assim que levantei cambaleando e fui seguindo até ponto de ônibus, a puta simplesmente pegou na mão de Juarez e os dois caminharam na direção do cortiço. Nunca mais vi aquele meu grande amor.

Depois de pedir pros cobradores dos busão pra não pagar a passagem, um motorista se comoveu com a minha situação e deixou eu andar de graça.

CINZA SOLIDÃO

Assim que desci, ainda caí uns dois tombos na ladeira, ralando o braço. Algumas vizinhas saíram e teve aquele comentário!

Já dentro de casa, fiz um café gostoso e preparei toda a mesa. Fiquei ali, chamando pelo nome de Juarez, achando que ele voltaria. Quando vi que isso não iria acontecer, joguei tudo no chão. Chorando, fui pro quarto e demorei a pegar no sono. Quando acordei, mexi no guarda-roupa tentando encontrar algum pertence do Juarez. Fiquei com vontade de ir lá naquela favela para ver o cabra de qualquer jeito. Revirei tudo, até debaixo da cama. Não encontrei mais nada dele. Mas, bem no canto daquele armário havia uma caixa cheia de fotografia. Ao pegar foto por foto, lá tava os meus parentes, os amigos e o meu primeiro casamento frustrado. Estranhei uma coisa: não havia uma foto do Dinho. Depois fui lembrar: nunca tirei mesmo uma foto do menino. Veio, então, uma cena na minha cabeça. Certa tarde, quando eu discutia com meu filho e ele me disse: "*– Eu não tenho importância pra você mãe! Nunca tive!*" Agora entendo que ele tinha razão.

Fotos de Alzira eu tinha aos monte. Nós duas de calça boca de sino, no final dos anos sessenta, em busca de amor.

Revendo tudo aquilo, tive uma ideia: ir pro Vale visitar minha irmã e meu filho. Estourei o cofrinho de barro e vi que tinha várias moedas. Contei uma a uma e deu o equivalente a cento e oitenta reais. O suficiente para eu ir passar uma semana em Iguape e voltar. E se tivesse sorte, nem gastaria tudo, pois conhecia minha irmã e sabia que ela me daria o valor da passagem de volta. E também não gastaria nada em sua casa.

Embarquei no ônibus das três da tarde e vi da estrada o sol se por. Lindo! Eu que nem dava importância a isso, agora olhava com amor praquela paisagem. Como era dia da semana e não tinha feriado, aquele busão foi praticamente vazio. Aproveitei e fiquei lá no fundo apreciando tudo que via. Tentava a todo custo driblar a ansiedade.

Na parada em Miracatu, aproveitei para tomar uma pinguinha, já que o tempo, apesar de aberto, tava com aquela onda de frio. Foi o bastante pra dormir o resto da viagem.

Acordei com alguém me cutucando na rodoviária:

— Senhora! Senhora! Já chegamos!

Era o motorista. Senhora? Será que eu tô tão velha assim?

Com a cabeça dolorida fui ao encontro dos meus queridos. Sentia o chão rodar, acho que era o efeito da pinga.

Diante da porta da casa de Alzira eu fui logo tocando a campainha. Eis que ela surgiu assustada.

— Odete! Aconteceu alguma coisa com o Cláudio?

— Sei lá, mulher! O Dinho não tá aqui com ocê?

— Ele foi embora faz um tempo já. Voltou pra São Paulo.

Sentei na calçada e vi tudo rodar novamente. Não contive o vômito.

— Você continua bebendo, Odete?

— Foi só uma birita pra acalmar a ansiedade — respondi antes de cair de vez.

Acordei assustada durante a madrugada. Minha cabeça doía muito. Ouvi um barulho vindo da cozinha. Fui lá pra ver o que tava acontecendo.

— Pensei que fosse um ladrão, Alzira.

— *Tô* tomando meu suco de carambola.

— Ainda com essa mania?

— Com essa e com todas as outras.

— Que hora teu marido chega pra dar um jeito em ocê? — Eu quis brincar um pouco.

— Meu marido morreu faz anos, Odete! Vem cá, você tá ficando louca?

Demos risada e ali a gente ainda se abraçou. Aproveitei para matar minha sede e secamos a jarra de suco.

CINZA SOLIDÃO

— Agora vamos dormir e amanhã conversamos sobre seu filho. Tá bem?

— Sim, tudo. Amanhã então a gente se fala.

Assim que amanheceu, tomei o melhor café da minha vida. Só Alzira mesmo pra preparar aquele banquete.

— Você preferiu o namorado ao seu filho, Odete.

— É, preferi. Mas me enganei, Alzira. Um ser humano não pode errar?

— Claro que sim! Mas abandonar justo a sua cria, minha irmã?

Passei mais manteiga naquele pãozinho crocante, dei uma abocanhada e falei quase que engasgando:

— Uma cria defeituosa.

— Ser homossexual é defeito, Odete?

— Pra mim é. Tudo que passei de ruim foi por causa dele.

— Teu sofrimento foi porque você não foi mulher o suficiente pra enfrentar a situação. Se seu filho nasceu assim, você como mãe teria de dar todo o apoio pra ele. Não digo aceitar, mas respeitar seria fundamental.

Olhei bem no fundo dos olhos dela como nenhum bêbado encara outra pessoa e soltei:

— Ele fez essa opção.

— E quem disse que ser gay é uma opção? Você acha que, se uma pessoa tivesse o dom de optar sua sexualidade, ela seria homossexual pra sofrer na mão dos outros, pra ser vítima de preconceitos bárbaros? Não seria melhor optar pela heterossexualidade e viver em paz? Odete, não há escolha. É só perguntar pra qualquer um. Você mesma, me diga, optou por ser mulher?

— É que nossa mãe desde cedo ensinou a gente a ter vergonha na cara.

— Então você não foi tão boa mãe assim. Não soube ensinar seu filho. Aliás, desde que ele era criança você parece que nunca foi muito com a cara do pobre.

Alzira lembrou das fotografias que eu nunca quis tirar do garoto.

— Verdade. Não tenho nenhuma foto do Dinho — respondi.

— Pois eu tenho. Várias.

Pedi pra ver. Chorei muito revendo meu filho pequeno, brincando com os amigos.

Alzira parecia decidida em tudo que dizia.

— Se eu fosse você, voltaria pra São Paulo e procuraria o Cláudio. Tenta pelo menos agora tirar uma foto junto com seu filho, Odete. Não pensei duas vez. Nem desfiz a mala e pedi pra minha irmã me levar na rodoviária.

— Cê me arruma uns vinte reais, Alzira?

— Não tenho. Mas tenho aqui cinco. Acho que vai ajudar.

Minha viagem foi em vão quanto a pedir grana pra minha irmã. Mas eu havia ganhado força pra dizer o que sempre quis sussurrar no ouvido do meu filho. Agora me restava encontrar com esse cabra.

Assim que desci na rodoviária do Tietê passei no primeiro boteco para beber uma. Acabei entornando todas. Ali caí e não lembro mais de nada. Nem de ter encontrado quem eu mais amei na minha vida. É isso.

RELATO 29

CLÁUDIO

Sempre soube da existência de Deus, mas para mim ele era apenas aquele bicho-papão de que minha mãe sempre falou: um velho que castiga, que afunda navios e derruba aviões. Teve uma época que até pensei diferente. É que eu acreditava na minha melhor amiga da escola, que dizia a todos que conversava com Deus. Por causa disso foi considerada louca.

— Ele tá sempre esperando pela pergunta, Cláudio. E tenha a certeza de que dará a qualquer um a resposta certa, para que a gente siga o caminho correto.

Lembro que, quando eu comentava isso com minha mãe, ela retrucava:

— Nunca vi uma comedora de arroz e feijão igual a gente conversar com Deus. Manda essa abestalhada ir se catar!

É claro que Deus não aparece na frente de ninguém, ou senta no sofá para tomar um cafezinho. Hoje entendo perfeitamente minha amiga. O Ser Supremo nos envia as respostas através da natureza, via sinais. Sua fala mansa vem através de códigos.

E foi valendo-se de um desses sinais que Deus dialogou comigo, depois que deixei a casa da minha tia. Dentro do ônibus, olhando o sol que se punha naquele horizonte alaranjado, recordei vários instantes de minha caminhada solitária. Uma senhora, que estava sentada no banco do lado, percebeu minha tristeza e perguntou:

— Perdeu a namorada?

— Nem sei o que é namoro.

Ela logo sacou o que eu quis dizer. Mais aberto para desabafar, contei sobre meu passado:

— No ginásio criei as primeiras amizades. A maioria com mulheres. Acho que é porque a gente falava dos mesmos homens, usávamos os mesmos cremes.

— Caímos na gargalhada. Continuei: — Mas o tempo passou e minhas amigas foram arrumando seus pares. Cada qual seguiu seu destino e eu fiquei a ver navios, tendo que buscar novas amizades.

Aquele sorriso desapareceu em segundos e seu rosto agora mostrava claramente a pena que ela sentia de mim.

— E daí? O que fez?

— Consegui novas amigas, e com elas aconteceu o mesmo. Arrumaram seus amores, seguiram seus rumos. E mais uma vez fiquei só. Busquei, então, aventuras onde o prazer era tudo que tinha de bom. Sentimento, nem pensar. Isso sempre foi privilégio dos normais.

Logo chegamos a São Paulo. Ela se despediu ali mesmo, na plataforma de desembarque, e sem dizer seu nome.

Assim que peguei o metrô, minha intuição proferiu a imensa saudade que minha mãe sentia de mim. Quem sabe não viesse ao meu encontro. Preferi não dar importância a isso. Acabei não indo visitá-la. Ela precisava ficar só para dar valor ao filho que tem.

Procurei por uma pensão e um mês depois liguei para Laura. Uma voz masculina atendeu.

— Quem é? — O rapaz perguntou meio nervoso.

— Sou eu, o Cláudio!

— Olha aqui, rapaz! Vê se para de ligar pra minha garota. Ela tá grávida e não quero que meu filho seja afetado. Você vive num mundo podre! — O cara desligou em seguida. Era

CINZA SOLIDÃO

Felipe. Eu conhecia aquela voz. Não retornei a ligação. O jeito era ficar no meu canto.

Num dia de forte intuição, sentindo que Felipe não estaria lá naquela casa, liguei novamente e consegui falar com a Laura.

— Queria tanto te ver, Cláudio!

Encontramo-nos num shopping perto da Lapa mesmo. Sua barriguinha estava pequena ainda, mas ela havia engordado um pouco e seus seios estavam maiores.

— Te liguei num dia desses, mas o Felipe me tratou hiper mal. — E então expliquei detalhadamente o que ele havia me dito.

— Cláudio, nem dê bola para o que o Fê fala. Ele sempre vai ser um cabecinha. Você acredita que os pais dele querem que eu mude de religião a qualquer custo? É claro que vou fingir que mudei. O próprio Felipe tá ciente disso.

— Tudo isso pra que, meu Deus?

— Pra que a gente se case. Pode? Mas deixa quando o Fê vir de novo com esse papinho sobre você que vou perguntar pra ele o que este pensa dos heterossexuais que roubam, estupram e matam. E das doenças sexuais que, a cada dia aumenta entre os homens e mulheres ditos normais, salvos pelo Senhor.

— Grande descoberta a do Felipe em dizer que só os gays erram.

— É verdade, Cláudio. Grande descoberta. Pena que ele não percebe que todos nós vivemos nesse mundo cão.

Depois daquela conversa resolvi voltar com a minha pintura. Ali mesmo no meu quarto de pensão, fui misturando as cores. Olhando os prédios e as pessoas que passavam diante daquela janela empoeirada, o pincel contornou a tela. E para minha surpresa, ali estava a nova tonalidade de cinza. Enfim, eu havia conseguido. Mas que nome eu daria a esse entretom? Cinza quase escuro? Não, teria que ser um nome que pendesse para a poesia. Cinza... Cinza dor... Não, Cinza

Solidão! Isso! Yes! Não tinha outro nome que retratasse tão bem a vida daquelas pessoas.

Aqueles meses correram nublados. As telas foram difíceis de secar. Mas, enfim, dei vida a todos os quadros.

No vernissage, por incrível que pareça, a imprensa estava em peso. Tia Alzira chegou elegante. Laura também compareceu com o bebê no colo.

Após o discurso emocionado que dei, vi que quando minha mãe apareceu na porta. Fui ao seu encontro e o abraço foi demorado. Vários flashes dos fotógrafos marcaram ali a primeira fotografia minha com ela. Essa eu coloquei numa moldura bem grande, na parede do novo apartamento que comprei com a venda de tantas telas.

Ao olhar para a fotografia, notei que bem atrás, num canto escuro, alguém, numa cadeira de rodas, tentava esconder o rosto. Talvez a pessoa que esteve ali não quisesse ser notado. Talvez Leonardo ainda não tivesse preparado para dizer: eu te perdoo.

Naquela mesma noite fui dançar. Precisava voltar à madrugada. A vida pulsava em mim.

Já dentro de uma boate, em meio a uma música eletrônica envolvente, os braços de meus conterrâneos erguidos para o alto pareciam aclamar ao Criador do Universo por um amor verdadeiro. Contudo, escorado num pilar, próximo ao bar, havia alguém que não levantava os seus. O buraco que se formou naquele canto fez com que eu, que estava no mezanino no andar de cima, percebesse aquele lindo rapaz perdido no próprio pensamento. Olhamo-nos por mais de uma vez. Ele sorriu e eu também.

Desci as escadas e fomos dançar juntos. Sem perguntar pelo seu nome, nos beijamos e ficamos ali, juntos. Só que aquele beijo e aquele abraço eram diferentes. Não entendi o motivo.

CINZA SOLIDÃO

— Vamos sair um pouco. Tá muito abafado aqui dentro — disse ele, pegando na minha mão e me levando para um canto da boate onde havia muitas plantas e alguns bancos, tudo a céu aberto. Ali conversamos bastante sobre nossas vidas. Falei, então, sobre Leonardo, pois o rapaz deu abertura para remoermos amores passados. Aquelas histórias de minha infância pareciam fazer com que ele recordasse a sua também. Até que, num estalo, percebi que estava com a fotografia que Tia Alzira havia me dado. Levara comigo para o vernissage e tinha esquecido dentro do bolso. Aliás, levava essa foto sempre, por onde quer que eu fosse.

— Pouco antes de voltar pra Sampa, minha tia me deu essa foto, que guardo comigo. — Mostrei a ele.

Acordei suado com o lençol de seda sobre meu corpo. Estava num motel e notei que a água do chuveiro caía numa única sinfonia. Peguei o controle-remoto que estava caído no carpete e liguei a televisão. Uma repórter falava ao vivo da Avenida Paulista. Passei a observar o movimento das pessoas que andavam pelas calçadas largas. Senti uma imensa vontade de descobrir o que rondava naqueles pensamentos. Ilusões? Verdades ou mentiras? Parei para refletir e percebi que cada um segue o rumo da sua vida, seja ele sinuoso ou não.

Acompanhei o rapaz no banho. Mais uma vez nos transformamos num só ser. Logo que saímos do motel pedi para que ele me deixasse em frente à igreja onde estava a imagem do santo flechado.

Aquela mesma mulher da época do assalto veio na minha direção:

— O padre não se encontra. É dia de folga dele. Volte...

— Não vim aqui pra falar com você, muito menos com o padre!

Ajoelhei diante da imagem.

— Uma coisa eu não posso negar. — soltei. — Toda vez em que entrar em qualquer templo pra rezar ou agradecer, ou pra fazer algum pedido, sei que em você e em Deus poderei confiar. Agora, nesses que esquentam suas bundas no banco surrado, estarei sempre com um pé atrás. Afinal, são seres humanos iguais a mim. Pena que eles ainda não perceberam. Pra Deus, seja de que modo, estarei cumprindo meu dever. O colorido sempre fará parte dessa tela. Agora, pra esse povo, é claro que estarei entre o amor e o pecado sempre. Ou seja, o cinza é a única cor que conseguirão enxergar em mim.

Levantei depressa, pois o carro buzinava lá fora. O pecado, ou melhor, o amor, que duraria apenas alguns anos, me chamava.

EPÍLOGO

Eu o vi caminhando por entre a neblina. Ele ia devagar, as costas largas, e aquele "cinza solidão" da paisagem cobrindo toda sua aura. Era o Cláudio! Meu coração não deixava dúvidas. Mas, por que ele estaria justamente em Gramado? Teria descoberto meu paradeiro? Mas quem... Ah, Ana Cláudia!

Pedi para que minha agente literária me levasse até a rua, mas saquei que de cadeira de rodas jamais o alcançaria. Ana Cláudia, intuitiva, colocou-me em seu carro e avançamos pela Avenida das Hortênsias.

— Você sempre soube de tudo, né, Aninha!

— Aninha? Uau! Agora posso morrer em paz, Leonardo!

Rimos.

— Eu o procurei em São Paulo, naquele dia em que fui negociar seus direitos autorais com a editora estrangeira. O Cláudio não relutou. Se pudesse, viria no mesmo dia.

— Ele tem alguém?

— Como assim?

— O Cláudio tem um parceiro, um namorado, sei lá como se diz isso...

— Tu sabe muito bem como se "diz isso", Leonardo. Tu sempre esperou por essa oportunidade em sua vida.

— Quem iria querer um cadeirante?

Aninha apenas levou seu olhar para o chão do carro. Entendi o que ela queria dizer. Voltei com meu rosto fraterno. Ela soube o quanto a amava, mas como amigo.

— Ele viveu por muitos anos com um rapaz. Disse tê-lo conhecido numa danceteria, em São Paulo mesmo. Então, o cara morreu faz um ano e meio. O Cláudio tá sozinho.

Meu olhar, agora marejado, se voltou para a janela. Contemplei a paisagem. Por um instante, saquei que a Aninha dividia sua atenção com a avenida e minha emoção.

No momento que nos cruzamos com aquele belo homem, Aninha diminuiu a velocidade do carro. Acompanhei os passos de Cláudio, em câmera lenta. O mundo parecia ter desacelerado, como se pedisse pelo nosso perdão, para que, enfim, também pudesse girar em paz novamente.

Paramos há uns 300 metros lá na frente. Aninha me ajudou a descer e sentar rapidamente em minhas "pernas rolantes". Deixou-me ali, ao relento. Voltou para o carro e seguiu um pouco mais à frente, estacionando numa rua paralela, mas com o pisca-alerta ligado.

Cláudio veio caminhando na minha direção. A neblina foi nossa amiga e dissipou-se nos arredores. Ele, surpreso, parou. O mundo parou.

Ficamos nos olhando, sei lá por quanto tempo. Ele, então, se aproximou. Após tantos anos, estávamos frente a frente, os olhares ainda se interagindo, como nos tempos de infância.

A primeira lágrima... Não me lembro, mas acho que foi a dele. A minha deve ter escorrido pelo mesmo lado da face.

Tentei dizer alguma coisa. Não saiu nada. Cláudio arriscou o mesmo e senti quando sua garganta também travou. O jeito foi a gente ficar se olhando. Afinal, não precisava mais nada. O olhar é sempre o primeiro a dizer: PERDÃO.

Cerca de trinta minutos depois, eu, o Cláudio e Aninha, já dentro do carro, seguíamos para Canela. Iríamos à igreja de pedra rezar um pouco. O silêncio imperava junto à nossa alegria. Até que minha amiga resolveu quebra-lo:

CINZA SOLIDÃO

— Quem era aquela criança que estava lá, junto?

— Criança? — Eu e o Cláudio falamos numa só sintonia.

— Sim. Havia um menino branquinho, o rosto não dava pra ver direito, meu carro estava meio longe. Mas havia uma criança ali. Inclusive foi ela que pegou em sua mão, Leonardo, e a levou de encontro com a do Cláudio.

FIM